特別支援教育サポートBOOKS

気になるあの子もみんなも輝く!
クラスと授業のユニバーサルデザイン

漆澤 恭子 編著

明治図書

はじめに

■気になるＡさんを巻き込むクラスの力

　私が通常の学級で１年生の担任をしていた時のことです。

　学期途中に，併設されていた特別支援学級からダウン症のＡさんが転入してくることになりました。特別支援学級から通常の学級へという，当時はあまりない転籍でした。Ａさんの安全は確保できるだろうか？クラスの子どもたちとコミュニケーションはとれるだろうか？生活や学習の特別な支援がクラスの中で行えるだろうか？等々不安もありました。

　私はＡさんの担任でもありクラス30人の担任ですが，当初はとにかく気になるＡさんのための毎日でした。しかしクラスの子どもたちの力は私を上回りました。それは，Ａさんと一緒に遊びたくて，クラスの子がＡさんの言葉を聞き取ろうとし，「先生！Ａさんも入れる１組ルールでやろう。」とＡさんを巻き込み，Ａさんもクラスの子どもたちも，ともに成長していく姿でした。もちろん，葛藤もあります。いろいろな不満も出てきます。簡単にいかないことも多いのですが，それをないがしろにせず向き合っていくプロセスはＡさんを巻き込むクラスづくりにつながりました。子どもたちはクラスで一日の多くを過ごします。このクラスが，気になるＡさんにも，クラスの子にも有意義な場になるためには，Ａさんにはどうしたらいいか。クラスではどうしたらいいか，Ａさんはどう思い，クラスの子はどう思っているかを考えた学級経営が必要です。これが長い間温めてきた『気になるあの子もみんなも輝く！クラスと授業のユニバーサルデザイン』発刊のきっかけです。

■あなたのクラスのユニバーサルデザインに

　「ユニバーサルデザイン」は聞いたことがない，という人がいないほど教育現場でも浸透してきました。しかし，ユニバーサルデザインの「みんなにやりやすく・わかりやすく」することは学習内容そのものの質を下げたり，

安易な方法に流れたりして，子どもたちから考えたり試行錯誤したりする経験を奪うことではありません。また形式だけまねすることでもありません。

　学校訪問をしてみると，学校中どのクラスも同じ教室環境になっていることがあります。もちろん，それが最適であることもあるでしょう。しかし「それはうちのクラスの子に合っているかな」と考えていただきたいのです。

　ユニバーサルデザインの授業やクラスづくりは，「この子たちにわかりやすく過ごしやすい」ことを志向するのですから，クラスを構成する一人一人が違えば隣のクラスと違ってくることもあるのです。そしてそれは担任の的確な子ども理解の上にこそ成り立ちます。ぜひクラスの子どもたちに合ったユニバーサルデザインを実践してください。

■この本は

　本書は『気になるあの子もみんなも輝く！クラスと授業のユニバーサルデザイン』ですから，Ａさんとクラスを常に視野に入れています。Ａさんの様子とともに，今クラスはどういう状況か，Ａさんはクラスの中でどういう存在なのかも把握します。やりにくさのあるＡさんですが，困っていることはＡさんだけでなくクラスにもあるかもしれません。Ａさんのやりにくさへの対応にはクラスの協力も大切です。さまざまな視点から分析し対応につなげる様子も参考にしていただければと思います。Ａさんもクラスの子どもたちも，わかりやすい授業，楽しく過ごしやすいクラスに近づけば，それはまさしくインクルーシブ教育の時代の学級経営です。

　2018年4月

編著者　漆澤　恭子

はじめに

第1章　クラスのアセスメントとユニバーサルデザイン

1　クラスの子どもたちをアセスメントする―友達関係―……………………10
2　クラスの子どもたちをアセスメントする―学習状況―……………………12
3　状況に応じてクラスをユニバーサルデザインする ………………………15

第2章　気になるあの子と　ユニバーサルデザインのクラスづくり・授業づくり

クラスづくり ………………………………………………………

低学年
1　使ったものを元に戻すことや身の回りの整頓ができない子
　のいるクラスで行う環境整備 …………………………………………………18

低学年
2　気に入らないことがあると激高する子
　のいるクラスでのほめ方・しかり方 …………………………………………22

低学年
3　友達がどう思うかをいつも気にして，自分から行動ができない子
　のいるクラスで自尊感情を高める工夫 ………………………………………26

中学年
4　「やってもしょうがない」と言う子
　のいるクラスでみんながやる気になるほめ方 ………………………………30

中学年

5 友達をいじめる子
のいるクラスでの仲間づくり ………………………………………… 34

中学年

6 激しく教室を歩き回る子
のいるクラスでの仲間づくり ………………………………………… 38

中学年

7 担任との関係がこじれてしまった子
のいるクラスで落ちついた生活を送る工夫 ……………………… 42

高学年

8 暴言や言葉遣いが悪い子
のいるクラスでの言語環境づくり ………………………………… 46

高学年

9 友達との約束や，学校のきまりが守れない子
のいるクラスで行う日常生活場面の工夫 ……………………… 50

高学年

10 友達の注意を受け入れられない子
のいるクラスで行うコミュニケーション指導 ……………………… 54

高学年

11 いじめられた経験がある子
のいるクラスでの仲間づくり ………………………………………… 58

高学年

12 王様のように振る舞い友達から怖がられている子
のいるクラスでの仲間づくり ………………………………………… 62

授業づくり

低学年
1 全体の指示に従えない子
のいるクラスで行う一緒に活動できる指示 ……………………………… 66

低学年
2 思ったことをすぐ口に出してしまう子
のいるクラスでの授業の進め方 …………………………………………… 70

低学年
3 勉強が嫌いな子
の多いクラスでの授業づくり ……………………………………………… 74

低学年
4 個別支援の必要な子
のいるクラスでの授業の進め方 …………………………………………… 78

低学年
5 聞くことが苦手な子
のいるクラスで行う発言・発表の工夫 …………………………………… 82

中学年
6 学力差の大きいクラスで
どの子も参加意識を得ることができる授業の流れ …………………… 86

中学年
7 学力差の大きいクラスで
学力を補塡するための宿題の出し方 …………………………………… 90

中学年
8 指示がないと学習が進められない子
のいるクラスでの授業の見通しのもたせ方 …………………………… 94

中学年

9 読み取る力や書く力が不足している子
　のいるクラスでの教材の工夫 ……………………………… 98

高学年

10 授業中の基本的習慣が身についていない子
　のいるクラスの授業ルール ……………………………… 102

高学年

11 粘り強く取り組むことを嫌う子
　のいるクラスでの集中・継続できる授業 ……………… 106

高学年

12 板書を写すことができない子
　のいるクラスでの板書 …………………………………… 110

高学年

13 自分の考えが伝えられない子
　のいるクラスで行う意見を引きだす工夫 ……………… 114

高学年

14 自分のやり方でしか取り組めない子
　のいるクラスで行う指示 ………………………………… 118

高学年

15 グループ学習に参加できない子
　のいるクラスでのペア・グループ学習 ………………… 122

参考文献・参考教材

執筆者紹介

もくじ　7

第1章

クラスのアセスメントと
ユニバーサルデザイン

クラスの子どもたちをアセスメントする
―友達関係―

　優しい子，強い子，おとなしい子，明るい子，真面目な子，いじわるっぽい子，どことなく調子のよい子……といろいろな子がいます。クラスにはそんな心を持った子どもたちが集まっています。一緒に遊び，時には自己主張したり，失敗して落ち込んだり，けんかをしたり，ふざけ合ったり，譲ったり，折り合いをつけて，友達関係をつくります。クラスの中の自然にできた友達関係はクラスづくりの要因のひとつになっています。

1　クラスの子どもたちの友達関係・けんかを考える

　けんかには負のイメージが伴いますが，自己主張がぶつかる瞬間であり，子どもたちが互いを理解できる絶好のチャンスでもあります。自分とは違った人がいることを直感します。子どもはけんかから人間と人間関係を学びます。対等にけんかができるくらい友達関係は自由であってほしいと思います。

2　クラスの子どもたちの関係が不安定な時

　しかし，子どもたちの関係が強い上下関係である時，いくつかのグループができて常に反目し合っている時，望まない孤立状態にある子がいる時，グループ内が「やさしい関係」で気遣いし合って不自由な時，これらが常態化した時，いやな思いをする子ができ，子どもたちの関係は自由でも平等でもなくなります。それは友達関係から人間を学ぶ機会が得られないばかりか，ユニバーサルデザインのクラスづくりや授業が目指しているクラスの中の居場所や学ぶ達成感が得られない状態にもなりかねません。子どもたちの自由な関係を担保しつつ，友達関係を見守る必要があります。

3 クラスの子どもたちをアセスメントする

　アセスメントを通して友達関係を見守ります。方法には行動観察と質問紙調査法があります。

①行動観察

ア　見えにくい子どもの友達関係：友達関係は常に一定ではなく変化していること，不都合があっても子どもはまだ十分にことばで説明したり訴えたりすることができないこと，特にいじめやグループ内のことは教師の見えないところで進行してしまいがちなことなど，見えにくくわかりにくい条件がいくつかあります。行動観察を中心に丁寧にアセスメントします。

イ　直接的行動観察：授業終了直後，子どもは軽い解放感を持って，一番気になっている人のところに行きます。誰と話すのかを見ているとわかることがあります。休憩時間に誰と一緒で，どんな話，どんなことをしているのかを見ます。子どもと一緒に遊ぶと子ども同士の関係がより見えてきます。教室を離れたフリーの時間や放課後の遊びなど，教室の先生と児童との関係が希薄な時間には子どもの友達関係が見えやすくなります。子どもとおしゃべりをしていると本人及び他の子の様子も聞くことができます。

ウ　間接的行動観察：養護教諭，専科教諭，スクールカウンセラー，主事，交通指導員，管理職等それぞれの立場で子どもたちと関わっているので様子を聞くことができます。担任に見せたことのない顔を見せていることもあります。保護者は家庭で子どもと密接に関わっています。学校では見せない様子を子どもが見せたり話したりしていることがあります。保護者会，個人面談，連絡帳などで密な連絡をとることで情報も入りやすくなります。

②質問紙調査法

　『Ｑ－Ｕ　楽しい学校生活を送るためのアンケート』（参考文献①）等で子どもの意欲や満足度，学級集団の状態を測定できます。

第1章　クラスのアセスメントとユニバーサルデザイン　11

2 クラスの子どもたちをアセスメントする
―学習状況―

　「今日の授業楽しかった！」「もっとやろうよ」と子どもたちから声が聞こえた時，その授業はきっと先生方にも手応えのある授業だったのではないでしょうか。それは，偶然ではなく，子どもたちの実態やニーズにマッチした授業だったはずです。クラスには能力も性格もやりにくさも異なる個性豊かな子どもたちが在籍しています。手応えのある授業づくりのためには，クラスの子ども一人一人のアセスメントと同時に，子どもたちの集合体であるクラスのアセスメントも大切です。

■ 1 全員に行う，一人一人の学習状況のアセスメント

　子どもたち一人一人の学習状況を把握します。記録をとること，多面的に見ることが大切です。

①テストや宿題など

　既習内容の定着度や理解度，学習のつまずきの状況を把握します。点数だけでなくどの領域が得意か，苦手かも見取ります。

②ノートや観察カード，作品など

　学習の習熟度だけでなく，これまで身につけた学習方法や，ものの見方・感じ方も捉えることができます。また書くことの困難がないかも注意します。

③質問用紙やチェックリストなどによる調査

　自由記述やアンケートなども有効ですが，子どもの思いややりにくさがわかる子ども用のチェックリストがあります。[1] いろいろな種類がありますが，集計して学級全体の傾向を知ることができるものがクラスのアセスメントにつながります。

④毎日の観察から

　子どもたちに毎日接する担任だからこそわかることがあります。気づいたことをその日のうちに座席表シートに記録します（図１）。

　子どもたちが帰ったらすぐ砂時計を10分にセットします。短いようですが毎日確保でき負担感のない10分が長続きのコツ。子どもたちの机を眺めながら思い出したことからその子の枠に記入します「算数で挙手！目が合って指名したらグーサインを返した」「漢字ドリル，隠しながら書いていた。筆順定着△」など印象的だったことをどんどん書いていきます。もちろん時間内には全員分は書けませんが，様子を思い出せない子がいるとしたら，授業中，その子に目が届いていないのかもしれません。その子ももしかしたら「先生にこっち向いてほしいな」と思っているかもしれません。翌日はそういう子にも気を配ることでクラスの子ども一人一人に目が行くようになります。毎日続けることで子どもの成長の様子や変化がわかります。

2　つまずきのある子のアセスメント

　一人一人の実態把握の中で特に気になる子どもがいた時は，上の情報をもとにさらに細かに状態把握をします。音読のつまずきが頻繁な時，文字の読み間違いをするのか，漢字が読めないのか，ルビをふれば大丈夫なのか，語のかたまりが意識できないのか，また構音に障害があるのかなど，どんな時にどんな状況ややりにくさが見られるかを観察します。学校でできる，苦手に応じた個別のチェックリスト[2]などもあります（利用については特別支援教育コーディネーターに相談してください）。診断をするのではなく，傾向を把握し支援につなげるために活用します。また，多角的な視点からの観察も有効です。特別支援教育コーディネーター，スクールカウンセラー，養護教諭，管理職等に授業参観をしてもらったり，校内委員会で検討したりして適切な支援に結びつけます。専門的な診断のある場合は，支援方法について保護者とも連携をすることが必要です。ユニバーサルデザインの授業づくりは万能ではありません。個別の指導についても校内委員会等で検討してい

きます。

3 クラス集団としてのアセスメント

　クラスには集団となって生まれる固有の雰囲気や力があります。自由な発想や発言が飛び出しやすい学級なのか，活気に乏しく受け身になりやすいのか，どの子も巻き込むようなノリのいい学級なのか，また，特別な支援の必要な子がいる時にも集団の様子が影響します。わかりやすく，意欲的に取り組める授業を構築するために，集団としての学級の理解は大切です。

①専科などの先生から

　クラスの授業の雰囲気は，同じ学年に関わってくださる先生から聞くことができます。また，先に述べたような質問用紙やチェックリストなどによる調査の回答を集計して学級の傾向をうかがえるものもあります。

②授業の様子の記録

　週案ノートに授業の様子を記録します（図2）。

　週案をコピーしてノートにはさみ，授業中に気づいたことは上から書き込みます。長い記述はできませんが，「ざわざわしてすぐに授業に入れなかった」「友達の意見に拍手がわいた」など授業ごとに気づいたことをメモしていきます。授業の様子を一週間のスパンで概観することができ，必要な修正も早めに行うことができるのでおすすめです。

図1　座席表シート：その日のうちに気づいたことを記録

図2　週案を使って：授業ごとに気づいたことを記録

3 状況に応じてクラスを ユニバーサルデザインする

1 ユニバーサルデザインの実現は 子ども・クラスの理解とアセスメントから

　どの子にも居場所となり活動できるクラス，どの子も参加ができ達成感を得られる授業，それらがユニバーサルデザインの考えによる学級であり授業です。しかし「どの子にも」とは日本中の一般的な子どもたちではなく，今ここにいるあなたのクラスの子どもたちです。クラスのユニバーサルデザインの実現のためには，あなたのクラスの一人一人の子の得意，やりにくさ，性格，またはその子の背景等，そして集団としてのクラスの力，醸成された雰囲気などを把握することが第一です。

　その方法のヒントはこの章の前の2項目をご覧ください。

2 臨機応変に対応できる柔軟な心とスキルを

　授業の準備を念入りにやっても，思い通りにいかないことはよくあります。そのような時は，子どもたちがどこかでやりにくさを感じているはずです。それを見つけ，子どもたちの活動しやすい方法を探しにかかります。運動会の絵を描かせた時のことです。クレパスでは描き直しができず何枚も「失敗した。」と画用紙を破ってイライラする子がいました。そこで粘土を使って表現させることを思いつきました。粘土ならやり直しができます。体のパーツを作りそれを組み合わせることで色々な動きができ，その子の思い通りのポーズを表現することができました。それを画用紙に載せ形を写し取り，線の中に色を塗って完成させました。クラス全員でこの方法で運動会の絵を描かせました。子どもたちからは「絵って色々な方法で描けるんだね。」とい

第1章　クラスのアセスメントとユニバーサルデザイン　15

う声が聞かれました。他のクラスと違うことをすることは，勇気がいるかもしれません。しかし，日頃から子ども理解に努め，子どもたちやクラスの実態に基づいた授業への工夫を学年会で相談することで，きっと理解も得られると思います。

粘土ならやり直しができる！

色画用紙の上に載せ形を写し取って彩色！

3 「このクラスではどうか」を考える

　ユニバーサルデザインの考え方が学校で浸透してきたことを感じる場面をよく目にするようになりました。どのクラスも共通して，正面の黒板の周りの掲示物が何もない，黒板の左上に「授業の流れ」の書かれたマグネットが貼られているなどを見て，きっとこうすることでわかりやすく行動しやすい子どもたちなのだろうな，と思います。でも，どのクラスも同じなのだろうか，と思います。子どもたちは違うのです。黒板周りに掲示物があることで集中を欠く子に配慮することも必要です。でもそのような子がいないならばどの子にもあると便利で，学習の役に立つ掲示物を貼っておくことがあってもいいのではないか，授業の流れが他と違ってもいいのではないか，と思うのです。ユニバーサルデザインはこれがいいと押しつけられる物ではありません。クラスのユニバーサルデザインは，子どもたちやクラスを一番知っている担任のあなたが「このクラスではこうする」とつくるものなのです。

第2章

気になるあの子と
ユニバーサルデザインの
クラスづくり・授業づくり

😊 クラスづくり　🌱 低学年

1 使ったものを元に戻すことや身の回りの整頓ができない子のいるクラスで行う環境整備

1 気になるAさんの様子

　Aさんは小学1年生の女子です。登校するとAさんの歩いた後にランドセル，コート，体育着，靴下が点々と置かれていきます。教科書，筆箱は他の子の机やロッカーの上に所構わずに置かれています。使ったはさみや借りた本も元の場所に戻すことはありません。「Aさん，ランドセルをロッカーに入れてください。」と注意すると「はい。」と機嫌よく返事をして，片づけますが，その時だけでまた歩いたところに色々なものを置いていきます。鉛筆や物へのこだわりもあまり見られません。本が大好き，明るい性格で友達もいます。特に苦手な教科もないのですが，使った物を元に戻すことや身の回りの物の整頓が苦手なのです。

2 クラスの様子

　クラスにはAさんのように片づけの苦手な子がほかにもいます。担任が注意を怠ったり気をつけていなかったりすると，ロッカーや机の中に入りきらなかった道具やプリントが教室の床に散乱してしまいます。机やロッカーの物のしまい方は入学の時に絵を見せて何度も教えたはずなのに，なかなか定着しません。机の中はプリントがクシャクシャで，もう使わない折り紙や厚紙の残りなどが入りっぱなしでぎゅうぎゅう詰めです。授業を始めようとしても教科書や筆箱がなかなか出てこずなかなか授業が始められません。忘れ物も多く，そんな状態に本人たちも苦労しているように見えます。

3 Aさんとクラスの分析と対応

下記の視点について検討，対応しました。

Aさんについて

①家での整頓の状況はどうか

→保護者によると家でも学校と同じく，何度言っても整頓ができず，仕方なく散らかったものは大人が手伝って片づけているとのことでした。そこで学校での取り組み結果を伝え，家庭でも試してもらうことにしました。

②Aさんが整頓に取り組めるようにするために

→Aさんは物にこだわりがなく，その場その場で楽しく遊んだり，勉強したりするのに夢中で，整頓は眼中にはないように見えます。しかし，身の回りも散らかっていかないように教えていくことが必要と考え，まず「Aちゃんばこ」を作りました。自分の物を一か所に集めることからスタートしました。使った物や身の回りの物を「Aちゃんばこ」にポイっと入れるのは楽しく，抵抗なく持ち物を集められました。「Aちゃんばこ」にはランドセルや靴下や筆箱，本でも身の回りの物は何でも入ります。Aさんの行動を見て，友達も手伝ってくれるようになり，だんだんAさんは自分のものを集めることができるようになりました。そこで次に「はこ」の中の物を片づけることにしました。毎日帰りに「はこの中を空っぽにしてから帰ろうね。」と声をかけて，それぞれの物をロッカーや机に収めるようにしました。そばで様子を見ながら一緒に片づけました。週末や保護者会の日には保護者も手伝ってくれることもあって，2年生になる頃には声をかけるだけで徐々に決められた場所に物を置いてから帰れるようになりました。

クラス全体について

①「Aちゃんばこ」がうらやましい子どもたちには

→「僕もほしい」という子が出てきました。見ると片づけが苦手な子ばかりです。その子たちにも「Bちゃんばこ」「Cちゃんばこ」「Dちゃんばこ」を作りました。Aさんと同じように身の回りの物を「はこ」に入れるよう

第2章　気になるあの子とユニバーサルデザインのクラスづくり・授業づくり　19

にしました。「はこ」の中はのぞくと物が見えます。使う物を探し出しやすくなり授業の準備も短時間でできるようになりました。

②クラスの環境整備を

→ア　**物を減らす**：子どもの持ち物の整理をして，要る物と要らない物に分けます。返却したテスト，使わなくなった教科書，期日の過ぎたお知らせなどは要らないものです。家に持ち帰るか，捨てるかを決めました。

イ　**子どもの机の中やロッカーに置く物は最小限にする**：子どもの手元に置くものと担任がまとめて管理するものを決めました。教科書，ノート，筆箱，のり，色鉛筆等は子どもの机の中に置きました。使用頻度の少ない副教材やプリントファイル，はさみやマジック等は班ごとに箱やボックスに入れておき，使う時に配るようにしました。その方が授業の流れも途切れることが少なくスムーズに流れるようになりました。音楽や体育や図画工作で使う道具類はかさばります。できるだけ空いているロッカーや箱に一括して置くようにしました。

ウ　**置く場所を決める**：机とロッカーの中の置く場所を決めます。机の道具箱は片方に教科書類，片方に文房具類を入れます。はじめに一目でわかるような机の中の図を準備して指導しました。物の数が少ないので整頓もしやすくなりました。

エ　**整理整頓の時間を設ける**：週末の前日の帰りの会や隙間時間を使って定期的に整理整頓の時間を作りました。また，席替えをしたついでに整理整頓を行いました。みんなの道具箱の整理を行い，「早く終わった人は隣の席の子の道具箱もきれいになっているかどうか見てください。」と言うと，隣席の人の道具箱を楽しそうに見ていました。教師も「きれいに整頓できているね。」と一人一人に言葉をかけながら確認しました。Ａさんたちのような整頓が苦手な子にははじめからそばについて，一つ一つ確認し一緒に整頓をしました。苦手な子がいる一方，クラスには整頓が好きな子，得意な子たちがいてお手伝いをしてくれました。

オ　**配布物の整理**：帰りの会で明日の持ち物の準備や，配布物があります。

　ここが整理できないと混乱の元になります。配布物は同じものを黒板に一つ一つ貼って「これ，あるかなあ。」と上にあげてもらいます。注目していない子は上がっていないので一目瞭然です。そばに行って「これだよ。」と教えます。配布物をファイルに全員がしまうところまで見届けます。ここは全体を見ながら個別も見るという教師の複眼的特技を十分に発揮しましょう。

　Aさんをはじめとする整頓の苦手な子たちも，定期的に整頓をすることで少しずつですが身の回りの整頓ができるようになってきました。しかし，整頓が苦手な子はもともと不得意なのです。一朝一夕にできるようになることはありません。長い時間をかけて粘り強くあきらめずに繰り返します。

> **POINT!**
> ・スモールステップで整頓の指導を
> ・物を減らす，置く場所を決める，時間を設けて整頓の指導を
> ・整頓の苦手な子には時間をかけた整頓の指導を

💬😊 クラスづくり　　🌱 低学年

2 気に入らないことがあると激高する子のいるクラスでのほめ方・しかり方

1　気になるAさんの様子

　1年生の男子Aさんは，大抵は一人で折り紙をしたり本を読んだりしていて，周りの子どもの様子にあまり関心がありません。普段はおとなしく，トラブルも少ないのですが，一旦怒り出すと目の前の机をひっくり返したり，教師の机の上の印刷物を破り捨てたり，教室を飛び出したりすることがありました。また，興味があることは一番にやりたがります。宇宙や動物や数やコンピューターなどには豊富な知識を持っていて，授業で大活躍することもあります。べたべたどろどろしたものは大嫌いで糊に触ることもできません。学習面でも社会性の面でもバラツキの大きいAさんです。

2　クラスの様子

　クラスには穏やかな子どもが多く，教師の言う事もよく聞きます。Aさんとは，授業中座っていられなくなったら本棚のところへ行って本を読んでもよいと約束してありました。離席するAさんに「Aさん，席について。」と言う子がいましたが，「Aさんは頑張ってここまでやったから，いいんだよ。」と説明すると「あ，そうか。」とすぐに納得してくれました。Aさんが発表で順番を待つことができず「僕が最初！」と言って黒板の前に立とうとする時も「Aさん，いいよ。」と言って順番を譲ってくれるような子どもたちです。はじめの頃は突然怒り出すAさんに驚いていましたが，そのうちAさんにはそういうところがあると了解したのか特に不満に思うことはないようです。

3 Aさんとクラスの分析と対応

　下記の視点について検討，対応しました。

Aさんについて

①突然に怒り出すのはどんな時か

→Aさんに話を聞いてみると，周りには気に入らないことがあると激高するように見えますが，本人なりの理由があることがわかりました。特に熱中していることを中断された時に怒り出すことが多いようでした。そこであらかじめ「もうすぐ授業が始まるから片づけよう。」と言葉をかけておくようにすると，怒り出す回数は減っていきました。それでも激しく怒り出してしまった時には，廊下などの静かな場所に移動して落ち着くのを待ちました。落ち着いたら「どんなことがあったのか」を起きた順序にしたがって整理しました。教室に戻る時には「みんなを驚かしちゃったね。なんて言おうか？」と問うと「ごめんなさい。」と言って教室に入りました。子どもたちも「いいよ。」と言って迎えてくれました。

②どんな時にAさんをほめるか

→できること，できたこと，さらにはやろうとしたことなどをほめました。「折り紙をやめて席に座ろうとしたね。」のように具体的に言葉をかけました。Aさんが宇宙の話をみんなの前でした時は「宇宙がどのくらい広いかわかるように話してくれたね。」とほめると，嬉しそうなAさんでした。

③Aさんをどんな時にどのようにしかる・注意するか

→Aさんは大きな声でしかられたり感情的な話し方をされたりすると，その感情に圧倒され「怒られた」という気持ちだけが残ってしまい，伝えたいことは理解されないことがわかりました。できるだけポジティブに短い言葉で話すようにしました。「僕が一番！」と言った時も「譲ってくれたよ。『ありがとう』って言おうか。」と言葉をかけました。

クラスづくり

▼ 低学年

第2章　気になるあの子とユニバーサルデザインのクラスづくり・授業づくり　23

クラス全体について

①どんな時に，どんな風にほめるか

→できること，できたことは具体的にほめました。Aさんの対応と同じです。Aさんが机を投げ飛ばしてしまった時，机を元に戻してくれた子どもにそっと「ありがとう。」と言葉をかけました。クラス全体をほめる時は「朗読が上手にできたね。気持ちがよく伝わってきたよ。」「声の大きさを変えて読んだところがいいね。」と具体的にほめました。教室移動で教室の電気をそっと消してくれた子に「よく気が付いたね！ありがとう！」とはっきりと伝えると次には率先して電気を消してくれる子が出てきます。その時の状況によって時にはさりげなく，時には大きな声でクラス全体に伝えたり，にっこり笑って目で合図を送ったりと状況で使い分けました。Aさんは周りの子のことにはあまり関心がありませんが，クラスの雰囲気は感じ取っているように思いました。

②どんな時に，どんな風にしかる・注意するのか

→子どもたちはわかっていても，できなかったり失敗をしたりします。そんな時は注意をしますが，できなかったことはあっさりと伝え，どうすればよいかを教えるように話をしました。必要な時は時間もつくります。たとえば，授業時には準備をしておくことを子どもに教えてあってもできていない時があります。まずできている子をほめ，クラス全員に「準備の時間をとります。」と言って，「教科書を重ねて，筆箱は机の前に置きましょう。」等と準備の仕方を再度教えます。クラス全員がほぼ準備できたころに，一人一人に「できましたね。」と確認の言葉をかけます。大きな声で感情的にしかるのは，クラスの穏やかで静かな環境が崩れてしまいます。Aさんは感情的な声が特に苦手ですが，他の子たちも好きではないはずです。注意する時も冷静に静かに話すように心がけました。この静かな環境もAさんの激高する回数を減らす要因の一つになりました。

③子どもの行動を禁止する時

→学校生活では緊急に子どもの行動を禁止したり，コントロールしたりしな

感情的な言い方は避け，静かに短い言葉で注意を

ければならないことがあります。暴力を振るったり，石を投げたり，身体的な危険が予想される時などは「たたきません。」「投げません。」「壊れたガラスの中は歩きません。」等短い言葉できっぱりと指示します。ここでも感情的にしかったりすると逆効果になることが多いようです。冷静に毅然と話すことが必要です。今後そのような行動が再発しないように，予防的対応を忘れずにします。

POINT!
・感情的な言い方は避け，静かに短い言葉で注意を
・どこがよいのかがわかるように具体的なほめる言葉を
・どんな時も穏やかで落ち着いた学級環境を

😊 クラスづくり　🌱 低学年

3 友達がどう思うかをいつも気にして，自分から行動ができない子のいるクラスで自尊感情を高める工夫

1 気になるAさんの様子

2年生のAさんは，何事にもこつこつ取り組むまじめな女子です。集団を乱すこともなく目立たない存在です。みんなの前で話すことが苦手で，授業中ほとんど挙手はしません。しかし，テスト等では学習内容をしっかり理解していることがわかります。発言を促すと「『聞こえません』や『ちがいます』と友達から言われたらどうしようと心配で発言できない。」と答えました。

2 クラスの様子

Aさんは，明るく元気な男子や女子たちの中ではおとなしく目立たない存在です。かといって休憩時間に一人でぽつんと過ごしているようなことはなく，周囲の子どもたちが鬼ごっこや縄跳びに誘って自然にみんなと楽しく過ごしています。クラスのみんなは，授業中Aさんがほとんど発言しないことや音読も小さな声でしかできないことを知っています。しかし，学習内容を確実に理解し，当番や係の仕事を確実にこなしていることも気づいています。クラスのみんなはAさんに信頼感をもっているのです。しかし，Aさんはそのことに気づかず，友達がどう思っているのかいつも気にしているのです。

3 Aさんとクラスの分析と対応

下記の視点について検討，対応しました。

Aさんについて

①友達がどう思うかをなぜそこまで気にしているのか
→少人数で話すのはよいのだけれど，集団や多くの友達の前で話すことが苦

手です。それは，多くの友達の前で間違った発言をしないか，間違った時にひどいことを言われないかと気になるからではないでしょうか。以前そのような経験があったことに影響されているようです。

②自尊感情はどの程度か

→自尊感情に関しては次の4項目（参考文献②）について聞いてみました。「自分のことが好き」「自分にはよいところがある」「自分は誰かの役に立っている」「色々なことにチャレンジしようと思う」です。すると，「色々なことにチャレンジしようと思う」の項目以外はそう思わないという結果となりました。どうやら，学習などの学校生活に関する様々な活動に関して意欲はあるのですが，自分のよさや誰かの役に立っていることに気づいていないようでした。自尊感情を高めるためには「自分に自信をもちなさい」という言葉がけよりも自分のよさに気づく具体的な活動が必要と考えました。

③Ａさんの自尊感情を高め自信をもてるようにする場はどこか

→Ａさんは少人数での活動には参加できます。その中では自分の思いを伝えたり友達の考えを聞いたりすることができます。そこで，クラスの子どもたちとペアや少人数での楽しい活動を通して，自分のよさや誰かの役に立っていることに気づけるようにしました。これはＡさんだけでなくクラス全員によい影響を与えます。また，担任は当番活動をはじめ学級生活の様々な場面でＡさんやクラスのみんなが，誰かの役に立っていることを意識させる声かけを心がけました。

クラス全体について

①学級の中でいつも目立たないことを子どもたちはどう思っているか

→授業中の発言がほとんどなく発表の声も小さなＡさんのことを担任は心配していますが，子どもたちはそのままの姿を受け入れています。子どもたちの世界では，苦手な一面をもっていても学習を確実に理解していることや当番や係の仕事を確実にやっていることを理解しているので，Ａさんの存在そのものを素直に受け入れているのです。だから，休憩時間には気軽

第2章　気になるあの子とユニバーサルデザインのクラスづくり・授業づくり　27

に声をかけ一緒に遊びます。学級の様子を細かく観察していると子どもたちの世界が見えてきます。学校生活の5分休憩・大休憩・昼休憩・給食配膳・給食・掃除・朝の会や帰りの会などの中で大人の見立てだけでなく子どもたち同士の見立ても大切にする必要があります。一度大人の先入観を排除して，子どもたちの世界にアンテナを張ることを心がけました。

②Aさんも含め，学級の子どもたち全体の自尊感情を高めるには

→Aさんはペアや少人数での活動には抵抗感が少ないようです。クラスのみんなも同様です。そこで，始めにペアの活動，次第にグループでの活動というようにステップアップを考え1年間の見通しを立てることにしました。

　「あなたは名探偵」は席を離れてペアで行う活動です。①向かい合って互いに名前を言う，②握手をする，③ジャンケンをする，④ジャンケンで勝った方から「あなたは温泉が好きですか。」「あなたは先生にほめられたことがありますか。」など16個のマスに書かれた内容について1回だけ聞く，⑤「はい。」という答えだったらそのマスに相手の名前を書く，「いいえ。」という答えだったら何も書けない，⑥ジャンケンで負けた方も同様のことをする，⑦互いに「ありがとうございます。」を言って別れ，次の相手を探す，という内容です。きっとこの友達は「はい。」と言ってくれるだろうと推察していくところが「名探偵」気分になれるのです。自分のことや友達のことを伝えたり知ったりして自分や友達のよさに少しずつ気づき始めます。「友達のことを知ることができてよかった。」「自分と同じでうれしかった。」などのふりかえりができるよう心がけます。

　グループで行う活動は目的に合わせてたくさんあります。その中で，Aさんも含めて学級全体の自尊感情を高めることを「めあて」に「よいところみつけ」を行うことにしました。各学期に1～2回程度計画的に行います。

　1学期のころは何を書いていいのかわからない子どももいますし「鉛筆を拾ってくれました。」レベルの内容しか書けない子どももいますが，スタートはそれでよいと思います。「よいところみつけ」は回数を重ねるほど上手になります。「発表の時大きな声で頑張っていました。」「掃除ですみずみま

クラスづくり ▼ 低学年

あなたはめいたんてい

月　日　　年　組　名前

つぎのしつもんにあてはまる人を見つけましょう。

「けいどろ」が すき 名前	カレーライスが すき 名前	カブトムシを たことがある 名前
本をよむのが すき 名前	きゅうしょくは のこさず食べる 名前	病いんはきらい 名前

いいとこ　みーつけた！　カード

年　組名前　　　　　　　　　　　　　君・さんへ

○やさしい　　○元気がある　　○楽しい　　○仲よくできる　　○まじめ
○リーダーシップがある　○進んでかつどうする　　○きちんとしている
○なんでもやってみる　　○よく気がつく　　○さいごまでがんばる
○明るい　○しごとが早い　○自分のしごとをきちんとする　○たくましい
○計画せいがある　○ゆうきがある　○はっきりしている　○せわずき

④

（　　　　　　　　　　）より

③

「あなたは名探偵」友達にインタビューをしながらワークシートを埋めていきます。

で上手に拭いていました。」などが書けるようになるとよいでしょう。その
ためによい事例を積極的に紹介したり，金曜日に「よいところみつけ」をす
ると予告して，互いによいところを見つけるような意識づけをしたりしてお
くなどの工夫もします。Aさんも友達の書いてくれた「よいところみつけ」
を嬉しそうに何度も読んでいました。

POINT!

・伝えよう。クラスの子どもたちのAさんへの思いを
・自尊感情を高める活動を計画的に実施しAさんに自信を
・めあてを明確にした楽しい活動の実施とふりかえりを

第2章　気になるあの子とユニバーサルデザインのクラスづくり・授業づくり　29

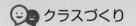 

「やってもしょうがない」と言う子のいるクラスでみんながやる気になるほめ方

1　気になるAさんの様子

　3年生のAさんは，着席して学習をすることができません。席に座って，みんなと同じ学習をするように声をかけますが，「やだー。」「やりたくないー。」「やってもしょうがない。」と言って教室をうろうろし，友達にちょっかいを出しに行きます。気が向いて席に着いても，学習用具ではなく，好きな本を出します。自分の好きな本を読んでいる時は静かです。しかし，勉強はする気がありません。

2　クラスの様子

　担任がAさんに注意を始めると，子どもたちも「またか。」という気持ちで雑談タイムになり，ざわざわしてきました。担任もその様子に焦り，「クラスも今，うるさい！」と，周りの子どもたちにも注意をします。子どもたちの中には「先生はAさんに怒っている時は，僕たちにも怖いんだよな。なんかいやだな。」と，不満そうな様子を見せる子も出てきました。「Aさんがいなければ平和なのに。」と話す子もいます。
　グループでの話し合いも，始めはAさんが参加できるように子どもたちが「Aさん，やるよー！」と声をかけていましたが，戻ってこないため，いないものとして進めるようになりました。
　保護者からも「クラスの様子が心配だ。」「配慮を要するお子さんに特別に人がつかないのか。」という声があがるようになってきました。

3　Aさんとクラスの分析と対応

　下記の視点について検討，対応しました。

Aさんについて

①知的に遅れはないか

→単元ごとのテストでは，担任が隣につくと着席して取り組みました。「これどういう意味？」「何て読むの？」と，質問をしてきます。答えに繋がる質問は，「Aさんもみんなと同じだから，答えは教えられないよ。」と優しい口調で伝えますが，問題文の質問には答えると，正しい答えを書くことができました。授業の内容は理解しており，知的な遅れが原因ではないことがわかりました。Aさんは自分の質問をすぐに答えてくれる環境だと安心して学習に取り組むことができることがわかりました。

②「やってもしょうがない」の原因はなにか

→低学年の時は，授業中にやることのできなかった課題があっても，休み時間や放課後に補習することがなかったようです。そのため，授業中に課題をやらずそのままになってしまっても，誰にも怒られない，自分も困らないという経験が積み重なって「やらなくていいや。やってもしょうがない。」という気持ちになっていることがわかりました。そこで，「授業中にやれなかったから，休み時間を潰す，放課後残る」というマイナスイメージではなく，「授業中にやることができたら，ポイントが貯まる」というプラスイメージをAさんにもたせることにしました。授業中にAさんには，スモールステップで課題を提示し，できた時にすぐに「ここまでノートが書けて，頑張ったね。」と，具体的にほめてシールを貼りました。ほめられたことが視覚化され，「こんなに貯まった。」「今までこんなにできたんだ。」と良い経験が蓄積されました。10枚ごとに自分でごほうびを設定しました。

第2章　気になるあの子とユニバーサルデザインのクラスづくり・授業づくり　31

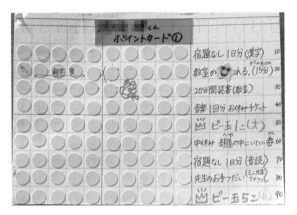

ポイントカード

> ### クラス全体について

① Aさんが教室をうろうろしていて，授業に集中できない環境を子どもたちはどう思っているか

→ Aさんの立ち歩きは授業の妨げとなるため，担任も注意が多くなりました。そして，Aさんがいるこのクラスは，損をしているというマイナスイメージに繋がっていました。そこで，もっとほめる機会を多くしたいと思い，ビー玉貯金を始めました。これは，クラスで協力ができたら，瓶にビー玉を一つ入れるというものです。ほめたことが視覚化されます。また，瓶がいっぱいになったら子どもたちの願いを叶えるというお楽しみを行いました。ビー玉が貯まった日に「宿題無し！」「授業中にクラス遊び！」という両方を叶えることにしたのです。クラスのみんなもAさんも大喜びで，クラスで協力して行動していこうという気持ちが高まりました。

　ビー玉を入れる基準は，「チャイムと同時に始業の挨拶ができた」「掃除を終えて○時○分に全員が着席できた」等，Aさんが時間を意識して，自ら座ることができるような目標を設定しました。そ

れだけでなく，「クラス全員の長縄で〇回以上跳ぶ」「一日一回全員が手を挙げる」というのを目標にしたいという，子どもたちからの意見も追加していきました。子どもたちは，ビー玉を満タンにするという目標をもって，意欲的に取り組み始めました。「やってもしょうがない。」と思っていたAさんも，みんなのビー玉が集まるようにと協力するようになりました。

②集団としてそろわない行動をどうするか

→ビー玉貯金でクラスはまとまってきましたが，Aさん一人が集団の行動にそろわず，友達も「A！！座れよー！！」と，言葉が強くなってきました。そこで担任は，まずクラスの子どもたちの思いに共感しました。そして，Aさんの苦手な部分も伝え，ポイントカードを見せながら，Aさんが努力しているところを話しました。そして最後に「一人一人がクラスのために協力しているところが素晴らしい。みんなが頑張ってくれているから，Aさんも成長している。ありがとう。Aさん以外のみんながきちんとできていたらまず，そこで先生はほめたい。ビー玉を入れよう。そして，Aさんもみんなと同じようにできたら，もう一つ追加でビー玉を入れよう。」と話しました。また，「Aさんだけが特別ではありません。二重跳びができるようになった。国語の学習で短歌七首を全部覚えることができた。というように，努力してできるようになったら，それもビー玉を入れよう。」と話しました。それから，クラスの友達の頑張りを一緒に喜べる雰囲気になり，Aさんが始業の合図に間に合うと，拍手や「やったね！」とほめてもらえるようになりました。苦手な音楽のリコーダーも「この曲が合格できたらクラスのビー玉入れてくれる？」と，Aさんも自ら苦手なことに取り組むようになりました。

POINT!

- ・「できない」に焦点をあてず，「小さなできる」に称賛を
- ・できたらすぐにほめる！ほめるは視覚化する→Aさんにもクラスにも
- ・友達に認めてもらう仲間づくりを

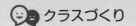

5 友達をいじめる子のいるクラスでの仲間づくり

1 気になるAさんの様子

　Aさんは4月に転校してきた3年生の男子です。体格がよく，運動もよくできます。気の良さそうな印象で少しずつクラスに馴染んでいるようでした。ところが突然，6月の運動会の練習に入った頃に様子が一変しました。叩く，蹴る，殴るなどの暴力で友達をいじめて言う事を聞かせてしまうようになったのです。Aさんの行動の変化にあっけにとられている間にクラスは，Aさんの「おい，授業止めようぜ！」のかけ声で男子全員が校庭で遊んでしまう事態になってしまいました。授業中でも大きな声で「つまんねえ〜。」と言い，たまりかねて先生が注意をすると「はいはいはい〜。」と言って聞き流し，立ち歩く始末です。事態に気づいた校長先生が見に来ると「校長先生が来たから，席に着こうっと。」と言って着席します。男子全員Aさんの言うなりです。

2 クラスの様子

　このように6月ごろまでは順調そうな学級でしたが，Aさんの反抗的な行動にクラスのルールは無視され，担任の話よりもAさんの言うことを聞くクラスになってしまいました。男子は真面目でおとなしい子が多く，女子はさらにおとなしくこの事態を遠くから見ているという状態でした。男子は休み時間にAさんが「並べ！」というと隊列を組んで校庭でサッカーをして遊んでいました。学校も空き時間の先生が交代で授業の様子を見にいく体制をとりましたが，取り立てた変化は見られませんでした。

3　Aさんとクラスの分析と対応

　下記の視点について検討，対応しました。

Aさんについて

①突然様子が変わったのには何があったのか

→学校で思い当たることと言えば，運動会の練習が始まったことくらいです。保護者に家庭での様子を聞きました。転校前の学校でも家庭でも乱暴や友達をいじめる事はなかったことと，しかし昨年暮れに大好きな祖母との死別，父の転職，不本意な転居，転校等の急激な家庭環境の変化があったことがわかりました。Aさんの行動には多動性・衝動性が見られました。念のため病院を受診した結果，多少の多動性等は見られるが，環境の変化が大きいとの所見をもらいました。

②Aさんの暴力的かつ反抗的行動をコントロールするには

→ア　大人を信じてもよいというメッセージをたっぷりと出しました。共感の言葉「○○が〜したから，イライラしたんだね。」「やろうとしたのに，無視されて悔しかったんだね。」をかけることで信頼関係の構築に努めました。

　イ　ペアレントトレーニングの方法を中心に計画を立てました。

　　　授業をやめて男子を外に連れていく，授業妨害の言動があった時，先生は近くに行って強く制止すること。暴力的な行動でいじめが起こりそうな時はできるだけ現場に居合わせて事前に止めるようにすること。「やってほしくない行動」は注目しない。注意もしない。ただし止めようとした時や，止めた時にはほめる。友達と上手に遊べている，怒りを抑えた，学習に取り組もうとした等「やってほしい行動」が見られた時はすかさずほめることを実行しました。

　ウ　家庭で十分にAさんの気持ちを聞いてもらうこと。

　　　これらの対応が功を奏したのか，一週間も過ぎたころからかなり暴力的行動が減少しはじめました。

第2章　気になるあの子とユニバーサルデザインのクラスづくり・授業づくり　35

クラス全体について

①クラスの子（特に男子）がＡさんをどう思っているのか

→一人一人個別に「Ａさんのことをどう思っているのか」「困っていることはないか」を聞くと，叩いたりして怖いから言う事を聞いてしまうと話してくれました。困っていることには「逃げる」「先生に言う」等方法を一緒に考えました。授業中に外に出てしまうのは，いけないことだと思うけど，Ａさんが怖くてやってしまうと話してくれました。「そんな状態でサッカーやドッジボールをしても楽しくないでしょう？」と聞くと，意外ですが，「それでも楽しいこともあるかな〜。」という返事でした。授業妨害だけは誘われても止めるように約束しました。暴力的な行動が減少した頃には，クラスの子どもと対等な関係の言葉のキャッチボールが見られるようになってきました。

②Ａさんとクラス全員との関係を良好にすることを考える

→ア　放課後，Ａさんに，クラスの男子は叩かれたりするといじめられているようでＡさんを怖いと思っていることを伝えました。Ａさんはみんながそんなに怖がっているとは思ってもいなかったようで驚いていました。

　イ　後日，今度は男子たちに残ってもらい，Ａさんも含め話し合う場を持ちました。男子からは思っていることや困っていることを伝えてもらいました。話を聞いた後でＡさんにはこれからどうすればよいかを一緒に考えてみようと話しました。

③Ａさんも含めた全員が互いを知って仲間になるために

→ア　Ａさんの統率する集団でＡさんが怖くもあったけれど，ちょっと楽しいこともあったという貴重な経験をした男子たち。遠くで見ていた女子たち。Ａさんも含めてクラスの中で暴力や威圧ではなく共感でまとまり，楽しく学習や活動ができる集団を作りたいと考えました。校内の教職員の知恵と協力を得て，仲間づくりに取り組みました。

　イ　クラスの子たちをテキパキと動かすことができるのがよい教師だと思っていましたが，集団は個人が集まってできています。その前に子ども

一人一人が見えなければ，よい集団はできません。普段の授業でもできるだけ一人一人の話や考えを聞くようにしました。「そこのところ！よく考えたね。」「すごくいい意見だね。」と特徴をつかまえながら言葉かけをするようにしました。

ウ　一人一人が自由に意見が言えるような関係でなければ，力の強い子の言いなりになってしまいます。授業中の意見の取り上げ方に気をつけるだけでなく，発表が苦手な子も活躍できるように，チームノートを作りました。チームノートには，星座が好きな子は星座のこと，虫が好きな子は季節外れに発見した虫の話等，それぞれが得意な事，好きな事，その日に発見したこと，気がついたことなどを書くことにしました。書くのが苦手なら絵でもよいし，現物をもってきてもよいことにしました。翌日は別の子が担当し，ノートはチームメンバーの中で回覧します。毎朝，担任に提出してもらい，できるだけコメントを書き込みました。家で書くことが多いので，保護者も興味津々でノートを覗き込むようになりました。ノートはクラス通信や，保護者会で紹介するなどみんなが見るように心がけました。お互いのことが見えてくるチャンスになったと思います。チームは4人，頻繁に組み替えて，クラスの多くの子と知り合うようにしました。子どもたちとは発表のたびに「価値あること」は何かを問い続けました。何を書いてもよいのですが，「価値あること」「値打ちのあるもの」を書くようにだんだんなっていきました。1年が終わった時には分厚いクラス通信の本が出来上がっていました。

POINT!

・子どもの行動には必ず理由がある。話し合える関係を
・だれもが自由に意見が言えるようなクラスづくりを
・仲間づくりはお互いを理解するためにまず知ることからスタートを

第2章　気になるあの子とユニバーサルデザインのクラスづくり・授業づくり　37

クラスづくり 中学年

6 激しく教室を歩き回る子のいるクラスでの仲間づくり

1 気になるAさんの様子

　3年生のAさんは，5分と自分の席に座っていることができません。休み時間から授業への切り替えもうまくできず，チャイムが鳴り終わっても友達の席に座って，どきません。友達から「自分の席にもどれよ。」と，どかされると，またうろうろ歩き回って仲の良い友達にちょっかいを出しに行きます。友達が大好きで，先生の注意も頭に入りません。Aさんは物知りで面白いアイディアを発言するため，友達から好かれていますが，クラスの友達は自分のところに来るようになったら面倒で嫌だなと思っています。

2 クラスの様子

　クラスが真剣な雰囲気になっても，Aさんは着席をしないため，担任はAさんが座るようにひたすら注意をします。「Aさんがいなければ，スムーズに進むのにな」と，Aさんに対するマイナスのイメージが大きくなってきています。子どもたちは，担任から，Aさんがうろうろして話しかけてきても反応をしないようにと言われていますが，完全に無視することはできず，「席に座りなよ。」と注意をしても，じゃれてしまい，全く効き目がないため，友達同士でもどうしたらよいのかと頭を悩ませています。しかし，「先生〜いつ授業終わるの〜？」と，Aさんが大きな声で言うのには，クラスの友達もよく聞いてくれたと言わんばかりに，耳をそばだてる様子があります。

3 Aさんとクラスの分析と対応

　下記の視点について検討，対応しました。

Ａさんについて

座れない原因は何か

ア　体調が整っていない時

→朝食を食べない，起きてから登校まで一度も水分を取っていない，睡眠不
　足，体調が悪いなどが背景にあることがわかりました。

　　Ａさんの離席をいきなり怒るのではなく，今朝の様子を聞いて，「Ａさ
　んは朝ご飯を食べていないから，やる気が出ないのね。座りたくないな。
　と思っているのね。」と，Ａさんの不調を言語化しました。周りの友達に
　も聞こえるように，「それはつらいよね。」と同調し，「でも少し頑張って
　みようか。」と促すと，自分の椅子に向かうことができました。

イ　環境が整っていない時

→今日使う物を忘れてしまった時。絵具セット，書道セット，鍵盤ハーモニ
　カ，リコーダー等，大きい用具の忘れ物は特にやる気を損ねる原因でした。
　忘れ物をしてしまったからやれない，先生の物を貸してもらっても自分の
　物ではないからやりたくない，と心が離れてしまうため，大きい用具を使
　う前々日には担任がロッカーを確認し，保護者に連絡し協力をお願いしま
　した。

ウ　時間の流れがいつもと違う時

→運動会特別時程などの時間割が不規則な時や学年や全校で行動する時は，
　朝から急かされます。いつもと違う空気感を感じ，ついていけず，やる気
　を失い，座ることができなくなることがわかりました。そこで前日に次の
　日は忙しい時程であることを伝え，当日は，黒板に「１時間目○：○～
　○：○運動会全体練習」と時間を入れて今日の流れを書き，休み時間も色
　を変えて強調して書き，息抜きの時間もわかるようにしました。

クラス全体について

①授業中にＡさんが側に寄ってくることを子どもたちはどう思っているか

→Ａさんがクラス内をうろうろしながらしゃべるのは，勝手なおしゃべりが
　約７割，学習に関係する発言が約３割ありました。その３割には，インタ

ーネットの動画から得た情報等，面白い話題もありました。Aさんが自分の側に来て勝手なおしゃべりをすると，授業に集中できなくなるのは困るけれども，授業に関係する話をしている時は，良いなと思っている子が多くいました。そこで「授業中に座る」というAさんの苦手を克服させる視点から「Aさんができることを生かす」という視点に変え，支援を考えました。このクラスでは，片面が白色，もう片面が青色のマグネットシートに一人一人名前を書いたカードを使い，発言をしたら裏にするという取り組みをしていたので，Aさんに前の黒板に貼られたそのマグネットを返す仕事をしてもらいました。マグネットを返すために友達の発言する様子をよく見るため，不要な立ち歩きが減りました。手の届かないところは椅子に乗ってひっくり返すので，友達の注目を浴びることもでき，Aさんにとって，満足感があるようでした。Aさんの教室での定位置は黒板の前となり，そこで座って教科書を読めるようになり，うろうろ教室内を歩くことが減りました。

②Aくんばかりかまっていて，僕たちのがんばりは見てくれていないのではないかと思っている子がいないか

→Aくんに比べて，僕たちはあまりほめられることがないという不公平感をもつ子もいました。そこで，Aくんをほめる前には必ず先に「みんながし

「ぼくがひっくり返すよ」
両面のマグネットに名前を書き，発言をしたら担任がひっくり返していました。Aさんがやりたいと意欲を見せてくれました。

っかり座っていること，授業に集中できていることがとてもすばらしいことです。Ａくんもそんなみんなを目指して，今修行中なのよ。」とクラスの子どもたちをほめるように意識しました。また，自分もマグネットをひっくり返したいと言う子には，「一緒にやっていいですよ。」と認め，Ａくんと二人で黒板の前に椅子を並べて座ることもありました。

③45分間の授業の流れは，子どもにとって先の見えない不安なものになっていないか

→「先生，いつ授業終わるの〜？」と，Ａさんの声はクラスの子どもたちの気持ちを代弁しているように思いました。担任には45分間の授業で何ができれば終わりなのかゴールが見えていても，子どもたちにとって，見通しがもてない授業は，飽きたり不安になったりしてしまいます。そこで，黒板の端に，45分間の流れを書く場所を設けました。番号をつけて流れを書き，今は何番をやっているのか目印になるマグネットを動かしながら授業を進めるようにしました。Ａさんも45分間のゴールがわかり，「最後の○番は，席に座って頑張る！」と，見通しをもつことができました。

POINT!

・座れない理由を言語化し，「いつも座らない子」からの脱却を
・授業中に注目されて活躍でき，存在をアピールできる居場所づくりを
・授業のゴールを示し，終わりが見える安心感を

 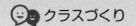

担任との関係がこじれてしまった子のいるクラスで落ちついた生活を送る工夫

1 気になるAさんの様子

　3年生のAさんは、外遊びが大好きで活発な男子です。外遊びから教室に遅れて帰ってきたり、授業中に担任の話の途中でも平気でおしゃべりを始めたりします。担任が注意すると「僕だけじゃない。」などと口答えをします。強く注意されると机の下にもぐったり強く反抗したりします。担任はしかってばかりではいけないと思いつつも、気になることがたびたび目に入り注意することが増えます。知的に遅れているようには思えませんし、調子の良い時は手を挙げて発表もしますが、わがままと思える行動が多くみられます。

2 クラスの様子

　Aさんのクラスはいつも騒々しく落ち着きがありません。ベテランの女性が担任していますが、その担任の注意する声がいつも教室の中に響いています。多くの子どもは担任の指示に従っていますが、教室は、机の列が歪んでいたり、掃除が不十分であったり、ロッカーにはランドセルが乱雑に入れられていたりします。学級内のルールが守れず挙手して指名されてから発言することができなかったり「やりたくない。」「えー。」などのマイナス発言もあったりします。Aさんの他に担任との関係がこじれている子どもはいませんが、今後増えてくる可能性はあります。担任は一生懸命注意しながらAさんの行動を直し、関係を修復しようとしていますが、注意する場面ばかり増えて空回りしています。

3 Aさんとクラスの分析と対応

　下記の視点について検討，対応しました。

Aさんについて

①Aさんの行動の背景は何か

→Aさんが勝手に話し出してしまうのはどのような時か観察をしてみると，興味や関心のある場面で，我慢できなくなり自分の思いを口にしてしまうようでした。Aさんのこのような特性を理解し本人と相談して，前日に興味をもちそうな学習について一緒に予習し「ここではしゃべっていいよ。」「ここはがまんね。」などの確認をしました。また，話し出したくなった時にまず深呼吸するという約束もしました。この約束が守れたら担任からOKサインを送るようにしました。Aさんは，学習に参加し，わかりたい，できるようになりたいという強い願いをもっていることがわかりました。

②困っているのは誰か

→担任は4月の出会いの時からAさんを，注意しても聞かないし口答えする，しつけのされていない子どもと思い込んでいました。表面上の問題行動にモグラ叩きのように対応しているうちに，担任とAさんの関係はすっかりこじれてしまいました。Aさんの特性や学習に参加したいという願いを理解し，困っているのはAさん自身であることに気づきました。担任の思いを変えることで互いに楽になり，クラス全体も落ち着きが出てきました。

③Aさんが取り組める得意なことは何か

→3年生から始まった理科はAさんが大好きな学習の一つです。特に虫のこととなると詳しい名前や飼い方等の多くの知識をもっていることがわかりました。また，図鑑を見て描く虫の絵は3年生とは思えないほどのできばえです。Aさんへの見方を変えることによりこれまで以上のことが見えるようになり，Aさんの虫の絵などをクラスのみんなに紹介しました。

第2章　気になるあの子とユニバーサルデザインのクラスづくり・授業づくり　43

クラス全体について

①Aさんが度々注意されることを子どもたちはどう思っているか

→Aさんへのマイナスイメージが作られてきているように感じました。そこで，担任はAさんの行動をプラス面から考えようとAさんのよさをクラスに伝えることを心がけました。さらにクラス全体として，姿勢や発言，宿題や係の仕事などを「できて当たり前」ではなく，できている時にすかさず「姿勢がいいよ。」「ナイス発言！」「宿題頑張ってるね。」「あなたのおかげで配膳台がいつもきれいよ。」など肯定的な評価を意図的に行うようにしました。

②Aさんと同じような行動をして注意獲得をしようとする子どもが出ないか

→Aさんは，きっと無意識に問題行動で担任の注意をひこうとしていたのかもしれません。問題行動を通して担任と関わりたい，担任に認められたいと思っていたようです。クラス内で同様の子どもが増える可能性もあります。そうならないためには，叱責よりも肯定的な評価で注意獲得ができるように担任が態度を改めることにしました。問題行動にはできるだけ静かで穏やかな言い方をしたり，一度注意したら同じことは見守るだけにしたりします。クラス全体に「言われたページを開けているね。」「お話をよく聞いているね。」などの肯定的な声かけを増やしたり，問題行動をしている子どもがそれを止めた瞬間「○○さんOK！」とプラスの声かけをしたりします。見守りとプラスの声かけをセットで行うところがポイントです。子どもは肯定的な評価で注意獲得を目指すようになりました。

③Aさんとみんなが一体感をもてる活動はないか

→クラスの子どもたちはAさんを含めたみんなと仲良くしたいと思っています。そのために担任は，子ども同士が自然に関われ楽しいと感じる活動を準備することにしました。「先生とビンゴ」は20個の食べ物を提示し担任が好きだと思われる食べ物をペアで相談して9個選びます。その後，再び相談しながら縦3マス横3マスの9個のマスにその食べ物の番号を書き入れていきます。担任が，「③お寿司」などと好きな食べ物を9個紹介して

クラスづくり ▼ 中学年

①担任の好きな食べ物を，相談して９個選ぶ。
②９個のマスに番号を，ビンゴを考えながら相談して入れていく。
③担任から正解を聞く。
④合っていたら番号に○をする。
⑤ビンゴになるかな？

先生とビンゴ
年　組（　　　　　　　　　　）
①ピザ　②おすし　③ホットドック　④カレーライス　⑤スパゲッティー　⑥牛どん　⑦牛にゅう　⑧野菜サラダ　⑨たくあん　⑩クリームシチュー　⑪ラーメン　⑫うどん　⑬そば　⑭魚のにつけ　⑮大根のにもの　⑯みそしる　⑰さばの塩焼　⑱とりにくのからあげ　⑲すきやき　⑳焼肉

先生ビンゴ

いき，正解だとマスの中の番号に○をします。その○が３つ並べば「ビンゴ」になるという内容です。先生のことを色々と推察し合う相談は盛り上がります。大切なことは自然な形で子どもたちがコミュニケーションをとることです。活動の始めに，「今日の活動のめあては２つ。友達の話を聞く，自分の思いを話す，です。」と確認しておく必要があります。活動後のふりかえりでは，ビンゴの有無や先生の嗜好に終わらないように，「めあて」を意識したふりかえりをさせます。

④Aさんを含むクラス全体が落ちついた生活を送るために

→Aさんが突然転校していってもクラスは落ち着かないでしょう。第二のAさん，第三のAさんが登場することになるでしょう。Aさんを含むクラス全体が落ちつくと普段通りの生活が送れます。そのためには担任の意識改革が最も重要なのです。

POINT!

・「困っているのはその子自身」という担任の意識変革を
・子どもたちの注意獲得行動には見守りとプラスの声かけを
・クラスの友達と楽しく関わり合える活動を

クラスづくり　　高学年

8 暴言や言葉遣いが悪い子のいるクラスでの言語環境づくり

1　気になるAさんの様子

　5年生のAさんは，明るく活発な男子です。4年生まではそれほど目立つ存在ではありませんでしたが，5年生になってから言葉遣いが悪くなり，担任も気にしながら指導を続けてきました。指導の直後は気をつけるのですが再び同じような状況になってしまいます。時には「うざい。」「あっち行け。」などの暴言も出てきます。社会や図工の学習は意欲的に取り組むのですが，算数の学習が苦手です。集団行動では指示に従っています。

2　クラスの様子

　Aさんが暴言を吐く様子を少し心配そうにクラスのみんなは見ています。4年生までと違っているので，どうしてそんな行動をとるのかと考えているようです。休憩時間の遊びや給食などの当番活動，教室移動などの集団行動では問題がありません。得意な社会科の時間には手を挙げて発表もします。みんなは言葉遣いの悪いAさんは本来の姿ではないと思っています。クラス全体で言葉遣いを考えてみようとする雰囲気もあります。みんなで楽しい学校生活を送りたいと願っているのです。そんな周囲のあたたかい雰囲気の中で暴言を吐きよくない言葉遣いをしてしまうAさんに，注意する以外にどのように対応をすればいいのか担任は悩んでいます。

3　Aさんとクラスの分析と対応

　下記の視点について検討，対応しました。

Ａさんについて

①暴言やよくない言葉遣いの背景は何か

→４年生までは問題行動は見られなかったことから，Ａさんは正しい言葉遣いを知っているようです。Ａさんを見ていると算数が苦手で，できない事があるとイライラしてつい暴言を吐いてしまうようでした。また，そのイライラした気持ちをうまく表す方法を暴言以外知らないようでした。苦手なことには個別の対応をし，自分の気持ちの表現の仕方も教えることにしました。

②暴言やよくない言葉遣いをしていない時はいつか

→Ａさんは休憩時間に鬼ごっこやドッジボールをしている時，普通の会話ができます。ただ，ルールの急な変更があったり，勝ち負けの判定が微妙な時があったりすると，少し興奮状態になりよくない言葉遣いをします。その場に応じた正しい言い方が身についていないようです。その指導はＡさんに個別に行うのでなく学級会などを通してクラスのみんなで話し合い，クラスに正しい言葉遣いをする雰囲気をつくることにしました。

③Ａさんの苦手な算数の個別指導をする

→割合など理解に時間のかかる単元では，放課後Ａさんに個別指導を行いました。個別指導ではほとんど暴言は見られませんでした。終わった時には「ありがとう。」と明るく言うほどでした。しかし，わかっていると思って説明を省いたり早口で指示したりすると暴言が出ることがありました。その時は「そこがよくわからない。」「もう少しゆっくり言って。」などの具体的な言い方を教えました。そして，その言葉が使えた時には「そう，そう。」などの肯定的な声かけや，OKのサインでプラスの評価を心がけました。

クラス全体について

①Ａさんの言葉遣いについてクラスの子どもたちはどう思っているか

→Ａさんが時々よくない言葉遣いをすることをクラスの子どもたちは知っています。しかし，常に暴言を吐き続けているわけではないことも知って

います。わからない事があった時や急な変更があった時や勝ち負けにこだわった時に少し興奮気味になって言ってしまうことを知っています。Aさんを含めたクラス全員で仲良く生活していきたいという子どもの気持ちを受け止めて，担任は学級会で話し合うことにしました。

②クラスのみんなで気持ちのよい言葉遣いについて考えるには

→「ふわふわ言葉，チクチク言葉」の授業を行いました。言われて気持ちのよい言葉（ふわふわ言葉）と言われると悲しくなる言葉（チクチク言葉）をみんなで出し合い確認しました。さらに「こんな時どうする？」と担任から問題提起して「急にルールを変えないでほしいな。」「今のは微妙だからじゃんけんで決めよう。」などのその場に合った言い方を子どもから出させ，画用紙に書いて掲示しました。この話し合い後の一週間は「ふわふわ言葉キャンペーン」で，言われて嬉しかった言葉を帰りの会にハートの用紙に書いて模造紙に貼っていきました。一週間で小さなハートの花の大きな木ができあがりました。言葉遣いにクラス全員が注目し，一緒に考え，共に高まり合う活動を通して少しずつ言語環境が変わり始めました。

③Aさんとみんながあたたかい人間関係を育むには

→Aさんは担任からの個別の指導と，クラスのみんなと一緒に考えて身につけてきた表現方法を蓄積していきます。そうしたら，クラス全員の願いでもある仲のよいクラスづくりのための活動を準備します。「人間カラーコピー」（参考文献③）というグループで行う楽しい活動です。教室の外の掲示板の2か所に担任が準備したクレパス画を貼ります。教室で班机にして，各班に真っ白の八つ切り画用紙とクレパス1セットを準備させます。そして，一人ずつ席を立って廊下の絵を見に行きます。帰って来たら次の人が見に行きます。班で見に行けるのは一人。何も持って行かない。見てきたことを言葉で伝え，班で協力して廊下のクレパス画と同じ絵を再現します。人間がコピー機となります。子どもは少し興奮状態になりますが「友達の意見を聞く。自分の意見を言う。班で協力する。」という活動のめあてを常に意識させていくと，学級はあたたかい雰囲気で適切な言語環境

にまた一歩近づきます

教室の外の廊下に絵を貼ります。その絵と同じ絵を班で協力して再現します。

④暴言は恥ずかしいという学級の雰囲気をつくるにはどうしたらいいか
→好ましい言語環境を作るためにはクラス全員の協力が必要です。「ふわふわキャンペーン」や人間カラーコピーなどの感想の掲示などいくつかの活動を組み合わせ，少しずつ少しずつ，「暴言やよくない言葉遣いは恥ずかしい」という学級の雰囲気をつくっていくことが大切です。そして，チャンスを見て「Aさんの言葉遣いよくなったね。グー。」というプラスの評価を行いました。Aさんもクラスのみんなも明るい笑顔になりました

POINT!
・暴言やよくない言葉遣いの背景を
・暴言について直接指導するより背景にある苦手さへの指導を
・暴言についてのクラス全体での取り組みを

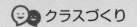

9 友達との約束や，学校のきまりが守れない子のいるクラスで行う日常生活場面の工夫

1 気になるAさんの様子

　5年生のAさんは，委員会活動，クラブ活動，クラスの仕事，どんなことにも積極的に取り組もうとする子どもです。しかし，他のことに興味が向くと，自分の仕事を忘れてしまいます。友達と約束をしても忘れてしまい，友達に責められることもしばしばです。仕事に対する意欲があるので，「他の人に」と言うこともできません。また，学校のきまりごとを忘れてしまうこともあるようです。Aさんは，友達から責められてしまうばかりです。

2 クラスの様子

　Aさんが約束を守らないこと，仕事を忘れてしまうことは，一緒に過ごしてきた子どもたちの中では当たり前のように受け止められています。何度も，約束や仕事を忘れたことがあったようです。低・中学年では，クラスの仕事が主でしたが，高学年は学校の仕事があります。それぞれが忙しく，Aさんのフォローまでできない状態で，仕事を忘れるAさんに強く当たってしまうようです。でも，Aさんはやる気があります。自分のこうしたこともよくわかっているのですが，「今度こそしっかりやるんだ」という気持ちで係に立候補します。でも周りは冷たい視線。担任としては，本人の気持ちを後押ししたいところですが，学校全体の仕事を忘れ，学校のきまりを守れないAさんを何も言わずにフォローしてきた子どもたちの気持ちを考えると，「Aさん，やってごらん。」「Aさんを応援しよう。」とは言えない状況です。

3 Aさんとクラスの分析と対応

　下記の視点について検討，対応しました。

Aさんについて

① 「忘れてしまう」ことに記憶の問題はないか

→日頃の行動から，記憶の問題は見られませんでした。

②他のことに興味が向いてしまうのはどんな時か

→何かが目についたり，友達や先生の声が聞こえたりすると，頭で考えていることより，そちらが気になってしまいそれを優先してしまうようです。そこで，しなければならないことを具体的にして紙に書き，終わったら「中休みに委員会の仕事をする」のように自分で消すようにしました。こうすることで終わったことを確認できます。この紙は，連絡帳の表紙・机の上・ランドセルの内側の袋などAさんと相談して目につきやすい場所に貼りました。

③学校のきまりを守れない原因は何か

→廊下や階段は静かに右側を歩く，というルールを守るために時間を守れなかったり，習い事で忙しかったために宿題ができなかったりするなど，きまりを守れない原因は忘れてしまうのではなく，自分なりの解釈があることがわかりました。こんなこと説明しなくてもわかるだろうという「暗黙のルール」でもAさんには，きちんと言葉で説明する必要があります。個別では対応しきれないことも出てきたので，クラスでは確認の意味を込めて説明するようにしました。

④Aさん自身は自分のことをどう思っているか

→高学年になると，自分自身のことを客観的に見られる子もでてきます。そこでAさんに，自分自身のことをどう捉えているのか，どうしていきたいのかを聞きました。Aさんは，自分が忘れっぽいこと，友達と同じようにできないことに歯痒さを感じ，自分が嫌いになってしまいそうだと話してくれました。苦手なことは誰にでもあること，よりよい方法を一緒に探し

第2章　気になるあの子とユニバーサルデザインのクラスづくり・授業づくり　51

ていこうと伝えました。この言葉でＡさんは安心できたようです。

クラス全体について

①仕事を忘れてしまうことでクラスへの叱責が増えることを子どもたちはどう思っているか

→高学年が任されている仕事は学校全体にかかわることが多く，忘れたままでは他の学年に迷惑をかけてしまうため，仕事が滞ってしまった時はクラスの子どもたちへ指導をしなくてはなりません。しかし，子どもたちは今まで何度もＡさんのフォローをしてきています。その思いをくみ取りながら指導したいと考え，子どもたちにはお互いにフォローし合わなくてはならないという指導をしました。それと合わせて，みんなが何度もＡさんをフォローしている姿を知っていることを伝え，ほめるようにしました。意図的に個人名を挙げてほめることもしました。さらに，個別に感謝の気持ちを伝えることも心がけました。「忘れてしまう」ことへの否定的な意識ではなく，「クラスの仲間としてフォローし合うことができている」という肯定的な意識になることをねらいました。

②Ａさんだけでなくそれぞれに苦手なことがあることを伝える

→Ａさんは目や耳から入ってくる情報をうまく処理できないことが，忘れてしまう原因の１つになっていました。頭の中で考えていることと，それらの情報の優先順位がわからなくなってしまうのです。しかし，どの子にも得手不得手があり，それを自分自身で受け止めて努力することが大切です。このことを子どもたちに日頃から伝えていく

ことを心がけました。決してＡさんのことだけを触れるのではなく，「誰にでもある」「自分にもある」こととして伝えるようにしました。また，あわせてそれぞれの苦手なことへの努力の方法は人によって異なることも

伝えました。こうすることで，クラスの子どもたちは自分の苦手なことを隠そうとせず，受け止め努力するような雰囲気になってきました。そして，それを応援する子どもたちも出てきました。Ａさんが「やることリスト」を机に貼っていても，それを否定するのではなく，その紙を見て「○○は次の休み時間にするの？」などと声をかける子も出てきました。

③Ａさんとみんなが安心して一緒に生活できるクラスを考える

→Ａさんは，「暗黙のルール」がわからず，それが原因できまりを守れないことがありました。そこで，その暗黙のルールをできるだけなくし，言葉にしたり，文字に表したりして伝えるようにしました。中には，「そんなこと知ってるし……。」という子もいましたので，言葉で伝えるのは１度だけにし，それ以降は文字にしてクラスに掲示するようにしました。また，最近は，こうした「暗黙のルール」を扱った本（参考文献④）も多くあります。それを見せ，教室に置いて子どもたちに伝えるようにもしてきました。また，「一心不乱」「人のことより自分のこと」「優先順位」「二度あることは三度ある」「人の振り見て我が振り直せ」のように覚えやすい言葉（ことわざ，四字熟語など）にして伝え，それを合言葉にできるようにもしました。クラスにはＡさんだけに限らず，こうしたことが理解できていない子，知らなかった子もいたため，クラス全員で学ぶことができました。

POINT!

・否定的な考えから肯定的な見方になるような声かけを
・誰にでも得手不得手があることを理解し，補い合える雰囲気を
・目に見え，言葉で伝え，クラス全員が理解できる場面を

第２章　気になるあの子とユニバーサルデザインのクラスづくり・授業づくり　53

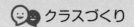

友達の注意を受け入れられない子のいるクラスで行うコミュニケーション指導

1 気になるAさんの様子

　6年生のAさんは，物事を自分なりのやり方で進めることが多い男子です。掃除，給食当番，クラスの様々なルールにおいても，自分なりの考えや方法で進めてしまいます。その進め方が，周りのスピードと合っていない場合も多く，友達から注意を受けてしまいます。でも，Aさんはそれを受け入れず，そのまま何もなかったように仕事を続けます。友達からの注意が続くと，急に怒り出し，相手に暴言を吐いたり，手を出したりしてしまいます。

2 クラスの様子

　Aさんは「仕事をしたくない」というわけではありません。しかし，進め方が自分本位であるために，周りの子どもたちの理解を得ることができません。子どもたちもできる範囲でAさんの方法を尊重しながら仕事を進めるのですが，自分たちがAさんに譲ってあげていることを理解する様子もなく，自分本位の方法で仕事を進めるAさんにしびれを切らしてしまいます。子どもたちが注意をしても，Aさんは聞こえていないのか，やり方を全く変えません。そうなると，子どもたちも我慢の限界を超えてしまいます。強い口調で指摘，注意をすると，Aさんは急に怒り出し，暴言を吐き，手を出し，相手にとびかかってしまうこともあります。こうしたことがあってから，Aさんに対しての注意は誰もしなくなってしまい，コミュニケーションさえ取らなくなってしまいました。

3　Aさんとクラスの分析と対応

下記の視点について検討，対応しました。

Aさんについて

①自分なりの解釈の背景に認知特性の問題はないか

→日頃の行動，学習の取り組み方などから認知特性に課題があるようだとわかりました。Aさんは，わざと他の子どもたちと違うことをしているわけではなく，それが原因となっているのだろうということがわかりました。

②友達の注意が聞こえないのか，聞いていないふりをしているのか

→カウンセラーの観察から，Aさんは自分の名前を呼ばれないと自分に言われていることと認識できないことがわかりました。また，背後など自分の視界に入らない場所からの声かけも気づきにくいことがわかりました。

③暴言や乱暴のきっかけは何か

→暴言は，大きな声や命令口調で指示されたり，注意されたりすると出ることがありました。「自分は仕事をしているのに，注意される理由がわからない」というのがAさんの言い分です。しかし，大きな声で注意されると圧倒されてしまい，自分の言いたいことを言葉にできなくなってしまうそうです。こうしたことから，Aさんだけに個別の対応をするのではなく，クラスの子どもたちの理解，協力を得ることが必要だと考えました。

④Aさんの苦手さをクラスの子どもたちに理解し，協力してもらうために

→日頃の困難さについてAさんと話しました。担任が感じていた以上に，様々な面で苦労し，困っていたことがわかりました。友達とのかかわりについては，クラスの理解を得る必要があります。そこで，クラスの子どもたちにAさんの苦手な部分を伝え，どんな方法ならAさんにわかってもらえるようになるかを担任が具体的に話すことで協力を得られるようにしました。

第2章　気になるあの子とユニバーサルデザインのクラスづくり・授業づくり　55

クラス全体について

①Aさんが自分なりのやり方で進めることを子どもたちはどう思っているか

→高学年とはいえ，子どもたちはできるだけ教師が言った通り，指示した通りに物事を進めようとします。でも，Aさんはそれと全く違った方法で取り組みます。個々で取り組むことであれば，口を出すこともないのですが，班やグループで行うこととなると，そうもいきません。注意をしても受け入れないAさんにしびれを切らすだけでなく，「なんでAさんだけが許されるのか……。」という雰囲気になってしまいました。

②Aさんが自分たちの注意を受け入れてくれないことに対して子どもたちはどう思っているか

→自分本位のやり方で物事に取り組むAさんに対して，クラスの子どもたちはAさんも自分たちと同じように取り組めるようにと，声をかけ，教えてきました。でも，それを聞き入れないAさんを見て，注意の言葉は強くなっていきました。最初は，思いやりの行動から始まった注意ですが，聞き入れず，挙句の果てに怒り，手を出されては，子どもたちも黙っていられません。「勝手にすればいい！」という思いが行動に現れてきてしまいました。「協力させたい」という担任の思いはありましたが，子どもたちの気持ちを考えるとそれだけを強く言えない雰囲気であると感じました。

③Aさんの苦手なことについてクラスの子どもたちの理解を得るには

→Aさんと話し，Aさんの苦手なことについてクラスの子どもたちに伝えてもよいか聞いてみました。クラスに話す内容をAさんに具体的に伝えたところ，「お願いします。」と返事をもらいました。Aさんの認知特性について話をするのではなく，「名前を呼ばれてからでないと自分に話しかけられていることがわからない」ことだけに絞って話をすることにしました。クラスには，Aさんが特別なのではない，ということを強調して伝えるようにしました。これを伝えたことで，子どもたちは「Aさんが無視をしていたわけではない」と理解してくれた気持ちになり，その後はAさんの名前を呼んでから話すようになりました。

名前を呼んでから話しかけると伝わるよ

④子どもたちとAさんが協力できるようにするにはどうしたらよいか

→Aさんの「物事の捉え方」について理解できるようになってきた子どもたちですが、「協力」までには高いハードルがありました。そこで、「協力する」ことを広い意味で捉え、子どもたちとAさんが協力できるようにしたいと考えました。子どもたちにその思いを伝えました。その際、「協力」ということは、「一緒に取り組む」から「Aさんの仕事を明確に伝え、分担して取り組む」こと、また、「最初から最後まで協力する」のではなく「ある一部分だけでも協力する」ことという具体的な姿も伝えました。合わせて、クラスの子どもたちに日常のAさんに対する理解について感謝の思いを伝えることも行いました。Aさんに対する「協力」についての捉え方により、子どもたちにとって肩の荷が軽くなったようです。その気持ちがAさんにも伝わり、クラス全体が穏やかになりました。また、それだけでなく様々な場面でこの「協力」が増えてきました。

POINT!

・本人の気持ちに寄り添いながら話し、苦手を伝えられる関係づくりを
・子どもたちにも実現可能な「協力」体制を
・子どもたちに協力を依頼しつつ、感謝の気持ちを伝える場面を

 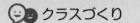

11 いじめられた経験がある子のいるクラスでの仲間づくり

1 気になるAさんの様子

　6年生のAさんは何でも進んでやりたがる元気な男の子です。自分の思ったことは臆することなくすぐ口に出し，授業中もよく発言しますが時々的外れのこともあります。それをからかわれたり，注意されたりすると大泣きしたり，少しのことでもイライラして当たり散らしたり友達とトラブルを起こしたりすることもよくありました。4月の保護者面談で，転校前の学校でクラス全体からいじめられたことを聞きました。その経験が，些細なことでも傷つきやすい原因になっているのかもしれないと思われました。

2 クラスの様子

　これまでのAさんとのかかわりの中で，クラスでは「Aさんは変わっている子」「わがままなAさん」という固定観念があり，Aさんとまともに付き合わないという態度が見られました。話しかけられても返事をしなかったり馬鹿にするような言葉を吐いたりする子もいます。席が近くなることを露骨に嫌がる態度を見せる子もいました。男の子たちは遊びにほとんどAさんを誘わず，女の子もAさんをさけているように見えました。クラスの子たちはいじめられていた以前の学校のことは知らないので，「すぐ切れるヤツ。」「5年の時は暴力を振るったこともあるんだよ。」などと一方的に悪いのはAさんだと言っています。きっかけはAさんだとしても，みんなの態度がAさんの行動の原因になってもいる，ということには気づけていませんでした。

3　Aさんとクラスの分析と対応

下記の視点について検討，対応しました。

Aさんについて

①これまでの傷ついた体験を乗り越えるために

→母親の話から，以前の学校でAさんは集団でのいじめの的となり「悪いのはAさんの方だ。」と言ってだれも助けてくれなかったことがわかりました。転校してもその辛さは忘れられなかったようです。クラスの子どもたちが少しでもAさんに批判的なことを言ったりからかう調子になったりすると，身構え，わめいたりするのは防衛のためのようでした。まずAさん自身が安心できなければこの行動は変わらないと思ったので，防衛のため乱暴な言葉を発するAさんに寄り添えるよう，なるべく休憩時間もそばに居るようにしました。周囲の言い方がAさんを傷つけそうな時は，担任がその子たちに言い方の指導をしました。またAさんにはカッとならずに我慢したことをほめ「これからもやめてほしいことはカッとしないで静かに言葉で伝えようね。できない時は先生が応援するから。」と声をかけ続けました。

②ほかの子から変わっていると思われてしまう背景は何か

→Aさんは自分の思いはどんどん言葉に出し，周囲を気づかうことができません。黙っていなければならない時をわきまえるといったことは難しいようでした。また，声が常に大きく，場に合った音量調節することは苦手でした。そこで，間違った発言や，場にそぐわない発言がある時は，笑ったりしかったりせず，穏やかな声かけを，Aさんだけに聞こえる声で続けていくことにしました。発言内容に共感した上で，待ってほしいことや，他の考え方も探してほしいことなどを伝え続けると，「あ，そうか。」と自ら気づくことも増えていきました。

③Aさんのよさが周囲に認められるために

→Aさんは人のために体を動かし，進んで働くことが大好きです。手助けを必要としている人がいれば進んで手を貸そうとする優しさも見られました。

そこで，まずは教師の手伝いを頼みました。すると，「ありがとう。」の言葉に穏やかな表情を見せるようになりました。掃除当番や係の仕事も担任がなるべくＡさんと一緒に行い，その働きぶりを具体的にほめて周囲にも知らせていきました。

クラス全体について

①Ａさんとのかかわりはこのままでよいとみんなが思っているのか

→このようなＡさんについて，クラスの子たちの思いは，腹立たしいと思っている子，かかわりたくないと思っている子，ちょっとかわいそうとは思っている子，いろいろでした。Ａさんに少しでも非があればそれをからかったり馬鹿にしたりする子がいる限り，Ａさんは変われません。Ａさんの行為を改めてほしいと思うなら，その悪循環はクラスのみんなから断つ必要があることをどうしてもわかってもらわなくてはなりません。そこで，傷ついた体験は人をどんなにかたくなにさせるか，絵本や物語（参考文献⑤⑥）を通して全体で学びました。傷ついた経験があるＡさんをまず仲間が受け止める必要があったからです。少しでも人を馬鹿にしたりからかったりする言動があればＡさんはもちろん，全ての人が不愉快であることをみんなで話し合いました。話し合いの深まりの中で，Ａさんに向かって軽い気持ちで言った言葉でも，Ａさんの心を深く傷つけたことに気づく子が増えました。Ａさんに寄り添おうとする子も少しずつ増えました。Ａさんも大声を出す必要のない状況にいられるようになり，穏やかになっていきました。

②Ａさんのよさがみんなに意識化されるにはどうしたらよいのか

→日々の掃除などの場面で，Ａさんの働きぶりを認め，クラスの子どもたちにも伝えました。人が嫌がるような大変な仕事でも，気前よく，進んで働くＡさんの様子にみんな気づき始めました。「Ａさんてすごいね。」「これもＡさんがやってくれた。ありがとう。」という声があがるようになりました。そうした声をあげてくれた子どもの気づきのすばらしさを，またクラス全員に報告することで，クラス全体がお互いのよさを認め合う雰囲気

になってきました。Aさんだけが特別なのではなく，誰もが長所も短所ももっていること，そして長所を認め合うことが心地よいということを，全員が実感するようになってきたのです。「それでもAさんは好きになれない。」という子どももいましたが，そのことを口や態度には出さないことを確認し，どうしてもイライラする時には距離を取るようにアドバイスしました。けんかをしたり，暴言を吐いたりすることがなくなった子の頑張りも認め，そのことでAさんも頑張れるようになってきたことへの感謝も伝えました。すると以前のようなトラブルはほとんどなくなり，Aさん自身も少しずつ我慢できるようになっていきました。さらに夏の宿泊行事では，生活全般に気を配りながら働くAさんの姿に，リーダーとしてAさんを認める空気まで生まれました。

POINT!
・受け入れられていると感じられる穏やかな声かけを
・クラス全体の方から仲間を大切にする学級づくりを
・よさを認め合える多くの場の活用を

😊 クラスづくり　　🌷 高学年

12 王様のように振る舞い友達から怖がられている子のいるクラスでの仲間づくり

1 気になるAさんの様子

　5年生のAさんは、明るく朗らかな女の子です。学習に根気よく向かうことは苦手ですが、友達と遊ぶことは大好きで、「あっちで遊ぼう！」「Bちゃんもこっちおいで。」とAさんの元気な声がいつも教室をとびかっていました。ただ、ルールは自分中心で、思い通りにならないことにはすぐ腹を立て、強い言葉で人を批判したり、仲間外れにしたりするので怖がられていました。またAさんは担任に対しては甘えてきますが、好きになれない専科の教師の悪口を言い、周囲の子にも賛同を強要するような態度も見られました。

2 クラスの様子

　Aさんを取り巻く女の子たちが多く、彼女たちはAさんに気をつかっているようでした。一見、楽しそうで笑い声も上がっていますが、ひとたびAさんの機嫌を損ねたら重たい空気になります。Aさんに嫌われた子は、無視されたり悪口を言われたりするようになるようです。そうならないために、みんなが神経をすりへらしていました。順番に誰かしらがAさんの攻撃の的になってしまうという様子もうかがえました。またクラスには、そんなAさんとは深く関わらないという感じの女の子もいました。男の子たちもAさんグループとは関わらず、自分たちだけで遊びを展開していました。その結果クラスはいくつかのグループに分かれているような感じでした。

3 Aさんとクラスの分析と対応

　下記の視点について検討、対応しました。

Aさんについて

①学習面の遅れはないか

→学習面でやや遅れがあり，本人は「自分はばかだから」と表現していました。よく見ると覚えていない九九がある，繰り下がりの計算を間違える，ひらがなばかりの作文を書くなどがありました。しかし，授業は楽しんで参加しており作文の内容は素直でのびやかな表現がありました。十分な習熟ができないままきてしまったと考え，放課後補習をすることにしました。他児にも声をかけみんなで楽しんで学習に向かえるようにしました。地道に学習する中で少しずつ遅れを取り戻すことができました。必ずほめて励ましました。ほめられると素直に喜び，どんどん頑張るようになりました。

②伸ばしたいところはないか

→のびやかないい声で，朗読や演劇発表が得意だったので，劇の会では，心の優しい穏やかな女性の役を演じてもらい，保護者や他の先生からもたくさんほめてもらいました。このことが自信につながったようでした。「自分はばかだ」と卑下することはだんだんなくなってきました。

③情緒面の不安はないか

→些細なことにイライラしたり，腹を立てたりするのは，情緒面が不安定なのではないかと考えました。保護者と個別に面談してみると，母親が家を出てしまうような家庭内にトラブルを抱えていることがわかりました。保護者には，Aさんが学習面で頑張っていることや，発表会での活躍などをこまめに伝え，家でもAさんをほめてもらえるようにお願いをしました。このような取り組みを続けていく中で，少しずつ棘のある言葉は減っていきました。うっかり乱暴な言葉が出た時も「その言い方はあなた自身を汚く見せて損だよ。」と，伝えてあげると受け入れられるようになりました。

クラス全体について

①Aさんを取り巻く子たちの思いはどうか

→Aさんの明るさや楽しさは魅力的で，その意味では楽しいと感じているようでした。しかし，同時に怖いとも思っているようでした。一度仲良しの

友達になったら離れることはできないと思っているようで，いつもＡさんの顔色を見ながら遊ぶのは気疲れする時もあるようでした。仲間外れになる子どもについては，同情するというより，自分でなかったことの安堵の方が大きい感じです。そこで，Ａさんを含む遊びのグループの輪の中には担任も積極的に入って遊ぶようにしました。はじめのうちは教師がその場にいることをＡさんは嫌がりましたが，おもしろいルールを教えたり，みんなが楽しそうにしている時に「Ａさんが優しいからみんなも楽しいんだね。」と声をかけたりする中で次第に信頼関係を築きました。その上でＡさんが自分本位な言動をとった時に，Ａさん二人だけで「さっきのことＣちゃんはどう思っていたと思う？」と話し合うようにしました。徐々にアドバイスも受け止められるようになり，時間はかかりましたがＡさん，そして周りの子たちは落ち着き始めました。

②クラスの仲間として対等なかかわりができるために

→男子やＡさんと一緒に遊ばないでいた少数の女子は，Ａさんを含むグループを冷静に見て，自分は関わらないという態度でした。そこで，クラスとしていつもの仲良しグループばかりでなく，Ａさんのグループも含めた様々な友達と一緒に活動することを狙ってクラス全員で活動する機会を多くもつことにしました。男女混合チームでのバスケット大会，サッカー大会，ハンドボール大会，レクリエーション，班対抗ゲーム大会など，仲良しグループでないグループで力を合わせて楽しむ企画をいろいろ考えました。勝ち負けだけでなくチームで全員が楽しくゲームに向かうルールの工夫や練習法の改善など，チームのメンバーでの話し合いや活動に時間を多くもつようにしました。Ａさん以外の子どもがリーダーとして活躍することもあれば，いつもの仲良しとは異なるメンバーにＡさんが相談をもちかけられる場面もありました。Ａさんがボールの扱いで失敗した子に「ドンマイ。」「気にしなくていいよ。」などの優しい声かけをしている時は必ず「今の声かけいいね。」と評価するようにしました。逆に活動の中で勝手な言動，仲間を見下すような発言が見られた時はＡさんだけに限らず，チー

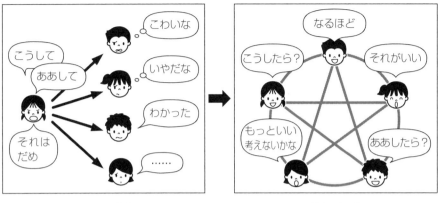

一方的な命令　　　　　　　　　平等な話し合い

ムのみんなで抗議して全員が心地よく活動できるようクラス全体に繰り返し伝えていきました。こうしたチーム活動の中で仲良しグループの溝が小さくなり，みんなが誰とチームになっても楽しく活動できるようになってきました。Aさんの表情もやわらかくなり，独りよがりな行動はどんどん減っていきました。これまでAさんとは関わろうとしなかった子どもたちもAさんのよさを認め，クラスの仲間として対等なかかわりができるようになりました。

POINT!
・自分に誇りをもたせる声かけを　―学習面でも生活面でも―
・家庭とのこまやかな連携・長い目での見守り・スモールステップの対応を
・クラス全体でAさんのよさを引き出せるクラス全体での活動の機会を

全体の指示に従えない子のいるクラスで行う一緒に活動できる指示

1 気になるAさんの様子

2年生のAさんは、いろいろなことに興味関心のある男子です。元気ですが足を投げ出したり机に頬杖をついたり姿勢が乱れていることも目立ちます。課題を指示されてもやりたいことを優先してしまい、注意すると「邪魔するな。」「うるせえ。」と暴言を吐いたり、全体の指示を無視したりします。知的に遅れているようには思えませんし、ドリルやワークシートに取り組むこともありますが、全体の指示に従って活動ができません。

2 クラスの様子

Aさんが指示に従わず、暴言を吐いたり、イライラして机の上のものを落としたりするたびに、子どもたちは担任に訴えにくるので、その対応が先になり授業が中断します。これまでは担任の言うことをよく聞く子どもたちでしたが、「Aさんはやらなくていいのに、なんで僕はやらなければいけないの」と言う子が出てきました。クラスとAさんとの関係では、子どもたちが自由にグループを作る時や、休み時間の遊びなどではAさんを積極的に誘う子はいません。担任に促された時は、仕方なくグループに入れてあげているという感じです。グループの仕事は、Aさん以外の子がほとんど分担しています。Aさんに「何をやる？」と聞いたり誘ったりしてもみんなと一緒に活動しないことが多いAさんについて「Aさんは特別だから」と捉えているようです。担任の「一緒にやりなさい」という声かけも空回りしています。

3　Ａさんとクラスの分析と対応

　下記の視点について検討，対応しました。

Ａさんについて

①姿勢の乱れに運動発達の問題はないか

→体育や日頃の行動から特に運動発達の課題は見られませんでした。

②やりたいことを優先してしまうのはどんな時か

→苦手な課題になった時にやりたいことを優先してしまうことがわかりました。課題については達成できるようにスモールステップとし，優先順位を決めて「式を写す。」「答えを書いたら先生のところへどうぞ。」など短い言葉で指示しました。できないことがあることを他の子に知られるのに抵抗があったので，指示はカードで渡すこともありました。

③暴言や乱暴はいつも，誰にでもか？家庭や学校でストレスを感じる経験はなかったか

→暴言は，プライドを傷つけられたり，苦手なことを指示されたりすると出ることがありました。イライラして机を叩くなど不適切な行動が出ることもあり，そんな時には「叩きません。」と何度も行動をやめるまで繰り返し，対応しました。この方法はＡさんに向いていて，乱暴な行動が減り授業の中断も激減しました。

④一斉の指示に従える時はどんな時でＡさんが取り組める得意なことは何か

→Ａさんは○○が好きで○○なら自分から取り組むことがありました。そこで，そんな時には，「これでいいよ。」と即時に評価することでクラスの子どもたちと一緒の課題に取り組んでいるという自覚を持たせました。またクラスの子どもたちにもＡさんが一緒にやっていることをさりげなくアピールするようにしました。

クラス全体について

①授業が度々中断されることを子どもたちはどう思っているか

→授業の中断は子どもたちの学習意欲を妨げ，Ａさんへのマイナスイメージ

にもつながっていました。しかし，子どもたちの訴えを受け止めることも大切です。そこで，そんな様子に気づいたら席を立って言いに来る前に，うなずく，あらかじめ決めておいたサインで応えるようにします。もちろんあとで話を聞いてその子の気持ちをくみ取ることも心がけました。

② Ａさんは注意されないのに僕たちは注意されるという担任の対応の違いをずるいと思っている子がいないか

→僕たちだけしかられるという不公平感がありました。そこで，注意する時に個人名をあげるのではなく「あと２人だね。惜しい。」とＡさんも含めて注意をしました。また「〇さん，いつも正しい書き順に気をつけているね。」などほめることを増やしました。なるべく多くの子に声をかけ「先生は僕たちのことをちゃんと見てくれている」という安心感で不公平感を上書きすることをねらいました。

③ Ａさんとみんなが一緒に行動できる指示を考える

→Ａさんは運動機能に異常はありませんでしたが，長い時間座っていることは苦手でした。しかし一瞬でもいい姿勢を意識することならＡさんにもできそうだと考え，クラス全員に絵を見せていい姿勢の説明をし，次に「いい姿勢」の絵を指さすだけにしたり，注意箇所を「足」「顔」などのキーワードで伝えたりしました。Ａさんは端的な指示と絵や周りを見てどうしたらいいかがすぐわかることで「足」と聞くと他の子と争うように踵をつけるようになりました。同様に，課題への指示も長い説明は避けドリルを模した絵カードにページを書いて示したり，今何をやっているかわかるように授業の流れを流れ図で示したりしました。Ａさんに詳しく指示する必要のある時は個別支援もしますが，クラス全体に静かに指示が行きわたり，授業も静かに集中して取り組む時間が増えました。Ａさんも担任の指す絵に「うんうん」とうなずく様子も見られました。

④ 子どもたちの思いを「Ａさんは特別」から「クラスの仲間」に変えていくにはどうしたらいいか

→友達同士が知り合い，関わり合える機会を増やすのが一番です。メンバー

「23mmは□cm○mm」の答え合わせは，先生が23mmは……と言うと子どもたちはcm分の2つ手をたたいた後すかさず先生が「センチ」と言い，その後子どもたちはmm分の3つ手拍子をし，先生が「ミリ」と続けます。

を固定しないグループを構成し，色々な場面で活躍できる場を作ります。たとえば算数では「拍手でGO」という取り組みをしました。答えの数字を全員が起立し，拍手で答え合わせをするのです。例えば「23mmは□cm○mm」という問題の場合，教師が「23mmは」と言ったところで子どもたちが2つ手をたたき，教師はすかさず「cm」と言います。子どもたちは続いて3つ手拍子をし，教師が「mm」と続けます。全員が立つことでAさんも参加している様子がみんなにわかりますし，間違っても目立たないので，自信がなくて手を挙げない子も楽しく参加できました。Aさんも「拍手でGO」には参加し，時には「あ，しまった！」と間違ったことを友達に伝える様子が見られました。

POINT!
・ワンポイントでわかりやすい指示を
・みんなが参加できる場面でAさんに自信を
・クラスの友達と知り合い関わり合える多くの機会を

✨ 授業づくり　　🌱 低学年

思ったことをすぐ口に出してしまう子のいるクラスでの授業の進め方

1　気になるAさんの様子

　1年生のAさんは，計算が速く音読も上手で授業中も積極的です。しかし先生が黒板に問題を書いて「一緒に読んでみましょう。」と言うとみんなの速さにお構いなしに大声で読み出し「6人でーす。」と答えを言ってしまいます。授業とは関係ないことを聞きに来ることもあります。間違えた子には「違う！」と怒鳴ったり，友達の観察カードを見て「おばけみたい。」と言ったり，給食で嫌いな物を「まずそう。」と言ったり思ったことがすぐに口に出てしまいます。

2　クラスの様子

　授業はとても賑やかです。最近ではAさんに影響されたのか，先生が「わかった人手を挙げて。」と言うと手を挙げながら口々に答えを言う子が増えてきました。参観日は普段にも増して賑やかに手が挙がります。先生が「ハイは1回。指されてから言う約束でしょ。」と注意してもやみません。初めのうちはAさんを注意した子も今はいなくなりました。先生の注意を守って，黙って手を挙げる子もいますが，こんな状態なのでその子たちにはほとんど発言の機会はありません。隣の組の先生は「1組は元気がよくていいね。」とほめてくれますが，話し合いをしたり，いろんな解き方を発表させたりしたくても，Aさんが先に言ってしまうので，それに影響されてなかなか意見が出ないのが悩みです。

3 Aさんとクラスの分析と対応

下記の視点について検討，対応しました。

Aさんについて

① 「学習の約束」が理解できているか

→幼稚園や保育所でよかったことが小学校ではだめになってAさんも戸惑っているのかもしれません。学習や生活の基本的な約束ごとをイラストでわかりやすく説明しました。

②同年代の子と比べて衝動性は高いか

→Aさんは，周りの音が気になり席を立ち，給食の時間でも急に本を取りに行くことがあり他の子より衝動性が高いようでした。そのたびに「立っちゃだめ。」と注意をしますが体が先に動いてしまう感じだったので「今は給食。」と状況を知らせ「立ちません。」ではなく「座って食べます。」と話すようにしました。「立たないで食べられたね。終わったら本を読もうね。」などできたらほめ，次の行動を伝えることで給食中の離席はだんだん減ってきました。また衝動性に配慮して，掲示物を変える時は先に見せておく，刺激の少ない座席配置にする，など授業中に気になって言ってしまう原因を除き環境を整えました。先生も日頃から落ち着いたトーンで話すように心がけました。

③どんな時でも待てずに口に出してしまうのか

→思ったことを大声で言ってしまうのは，できたことを知らせたい時や自分の方が上手だと認めてもらいたい時に多く見られました。発言は指されてからとわかっていても止められないようです。「Aさんもわかったのね。」とできたことを認め「指すまで待てるかな。」と先に声をかけると，うずうずしながら口を押さえて待っていることもできるようになりました。

④一番がいい，速いのがいい，という価値観がないか

→保護者面談で，徒競走で一等をとったりきれいな色使いで描いた絵を見せたりするとお小遣いをくれてほめてくれるおじいちゃんがいることが話題

授業づくり

▼ 低学年

第2章　気になるあの子とユニバーサルデザインのクラスづくり・授業づくり　71

になりました。一番やきれいな色だけでなく他にも色々なよさがあること
がわかるように日頃から話していきたいとお母さんも理解してくれました。

クラス全体について

①Ａさんが答えを先に言ってしまうことでどんな影響があったか

→Ａさんのほかにも我先に言い出す子が増えて収拾のつかないことも出てき
ました。しかし，これまで授業中に覇気のなかった子たちも刺激されてぼ
ーっとしていることが減り，進んで発言するといういいこともありました。
一方「手を挙げて発言する」というきまりを守っている子もいるのですが，
この状況では指されないのでだんだん授業に消極的になり，授業中の教室
は二極化しているように感じました。

②学習の約束は徹底しているか

→大半の子は，約束はわかっていても友達につられてしまうことが多いよう
です。学習の約束を徹底させるために「指されてから発言する」のは「勝
手に話し出したら友達のお話が聞こえないからだね。」と理由を説明しま
す。そしてきまりを徹底するためには「きまりを破らせない作戦」がおす
すめです。「手を挙げるんだったね。」「指されてから言うんだね。」など先
に注意を促し，できたら「きまり，守れたね。」「〇さんのお話が聞けた
ね。」と具体的にほめるようにしました。また守らせたいきまりをイラス
トカードで掲示しました。すぐに言ってしまうのを防ぐために「いまは言
わない」カードを先生が出している時は，みんなもイラストのまねをして
先生の話を聞いています。Ａさんの努力している様子がみんなにも伝わり
ました。

③みんなが活躍できる授業になっているか

→他の子が意見を言えなくなってしまったり，嫌なことを言われてしまう子
がいたりするのではみんなが安心して楽しく学ぶことはできません。Ａさ
んにも配慮をしながら授業にも工夫をしました。

　ア　Ａさんが一人だけ先に言ってしまうのは「みんなで読んでみましょ
　　う。」「これはどうかな？」など学級全員への声かけの時が多かったので，

　声かけは対象を絞り「1の列読んでください。」「グループの3番さん答えてください。」など全員に機会をつくりました。違う時に言ってしまったら発言を1回お休みにします。
イ　Aさんのおかげで授業中覇気のなかった子も声が出せるようになったのは嬉しい変化です。みんなの言いたい，認めてもらいたい気持ちを受け止めて「いっせのせ」で思ったことを言う「いっせのせタイム」を作ります。もちろん全部は聞き取れないのですが「わあ，みんなよく考えたね。」とほめてあげます。Aさんもこの時ばかりは大声をあげていいので張り切ります。
ウ　おとなしい子も全員が活躍できるよう色々な発表方法を使います。ノートに書く，口パク，指サイン，先生に内緒話など。
エ　最後まで聞かないと正解が出せないクイズも取り入れました。

POINT!
・Aさんの特性に配慮した環境調整を
・学習の約束は先手必勝で定着を
・発表の仕方の工夫で，全員に活躍の機会を

✨ 授業づくり　🌱 低学年

勉強が嫌いな子の多いクラスでの授業づくり

1　勉強が嫌いな子の様子

　２年生のＡさんは外遊びが好きな男子です。でも授業中は国語も算数もおもしろくなさそうにしています。黒板を写すように指示すると，のろのろと鉛筆を動かしますが止まってしまいます。テストをやっても点数がとれません。同じクラスのＢさんはいくつもの塾に通っています。学校の宿題はしてきますが，そのうち乱暴な文字で書くようになり，だんだんやってこなくなりました。成績はよいのですが，つまらなそうにしています。Ｃさんは２学年上の兄も勉強が嫌いで，授業中も机に突っ伏して寝ていることが多く，テストの時は名前も書かずに，いたずら書きをしています。Ｄさんは落ち着きがなく，何をやったらよいかもわからないようで，投げやりな方向に向かっています。どの子も「勉強，嫌い。」とつぶやきます。

2　クラスの様子

　クラスには，上記のように勉強の嫌いな子がたくさんいます。もちろん，勉強が得意な子も大勢います。積極的に手を挙げるのはいつもこの子たちばかりで，Ａさんたちとはなんとなく距離があり，グループ活動では話しかけてもすぐに返事がないとそれ以上関わろうとしないでいることが多いようです。勉強が苦手な子たちが反応しなかったり，さっさと行動に移したりしないことが理解できないようです。勉強が得意な子と嫌いな子とクラスが二つに分かれてしまっている感じです。

3 勉強の嫌いな子とクラスの分析と対応

下記の視点について検討，対応しました。

勉強が嫌いな子について

それぞれの子の背景を考える

→Aさんは，1年生の頃はなんでもやりたがる子でした。でもわからないことが増えてきて「先生，どうするの？」と席を立って質問をし，そのうちだんだん絵を描いたりして遊ぶようになりました。家庭で宿題をやらせようとすると，わからない・しかられるという悪循環となって暴れることもありました。保護者と「宿題は5分」と時間を決めてそれ以上はしなくてよいこと，できたものをもってくるように決めました。

→Bさんは学校から帰ると塾で忙しく，帰宅時間も遅く疲れています。塾の宿題もあり，睡眠もよくとれていないようです。保護者に塾の回数を減らすことを提案しました。時には好きなゲームを許すようにお願いしました。

→Cさんの好きなことは工作で，図工なら取り組んでいます。そこで，工作の作品を取りあげ「この足の動きがいいねえ。」と具体的に評価してクラスの活動に参加する場面を作りました。ほめられると嬉しそうな笑顔が見えました。勉強はCさんが無理なくできそうなところを少しずつやるようにしました。放課後に担任と一緒に勉強をする時間を作りました。

→Dさんは集中するのが苦手です。黒板のどこを見るかがわからないようなので，授業中は黒板の見るところを指さしたり，枠で囲んだりしました。机上の勉強より実際に物を動かすのが好きなので，授業でできるだけ具体物を用意するように心がけました。学校で十分にできなかったことを連絡し，家庭でやってもらうこともありました。液量の学習では単元に入る前に，お風呂や台所でお湯やジュースをたくさん測るようにしてもらいました。あらかじめ学習の内容がわかっていると学校での学習もスムーズに入っていくことがわかりました。Aさんも何をやるのかわかっていると安心していられるようです。勉強がもともと嫌いという子はいません。どの子

授業づくり

▼ 低学年

第2章　気になるあの子とユニバーサルデザインのクラスづくり・授業づくり　75

も環境を整えることでだんだん学習に取り組めるようになってきました。

クラス全体について

子どもたちに学習意欲を起こさせるための工夫

→**ア　身近な教材**：勉強の意味が見いだせないでいる子どもたちには意欲を育てなければなりません。そこで子どもの暮らしと関係のある「おもしろそう」「そうなのか」「わかるかも……」と感じさせる教材を準備しました。算数のかけ算の立式を考える文章問題では「Ａさんがさいころのはこに入ったキャラメルを４はこ買いました。一はこあたりキャラメルが２こ入っています。全部で何こありますか。」Ａさんの名前が黒板に書かれると教室が湧きました。漢字の学習では看板やテレビで見たことのある熟語を子どもたちに思いつくだけ出させました。

イ　具体物を準備：算数の文章問題では実物を用意しました。答えのキャラメル全部の数は数えればわかります。みんなで８になることを確認しました。答えがわかっていると安心感ができます。そこで本時の目標の解き方の方法と立式を考えます。本物を数える，絵を書いて数える，本物のかわりにブロックで数える，足し算，かけ算の計算を使うなどといろいろな考えが出ました。漢字の学習では元になった絵を見て，今の漢字を当てるクイズをしました。漢字の歴史が学べました。

ウ　発表する機会：子どもに考えを発表してもらう時は一人一人黒板の前で図や絵や数式を書いて，みんなにわかるように話すように心がけていました。聞いている子どももわからないところは質問をするようにしました。算数の文章問題でもブロックを黒板に貼る，絵を書く，かけ算の式を書くなどでそれぞれに説明してもらいました。どの考えにも「なるほど，よく考えたね。」と言葉を添えました。漢字では身の回りにある熟語を使った楽しい短文をつくり，みんなの前で発表しました。自分の考えを発表する活動は自信，有能感，達成感につながります。

エ　スモールステップの学習：目標までの階段の高さを低くして，一歩一歩上っていけるようにしました。２の段のかけ算の練習問題では絵を見

てかけ算で答えを出す，文章問題をかけ算で解く，2の段の答えを書く，2の段と5の段が入ったかけ算を解くというようにそれぞれのプリントを作成します。問題数が少ない方がやる気が出ます。一枚できたら次に進みます。「できた」「できる」という達成感につながります。速い子どももスピードの遅い子どもも自分に合わせて落ち着いて取り組めます。

オ　個別の配慮：できなかったプリントは授業中や放課後に教えました。特に放課後や長期休みに自分だけ見てもらえるのは子どもには特別感があって普段と違う新鮮さがあり，一生懸命取り組めました。

カ　ICT利用：計算や漢字練習はパソコンやタブレットを活用するのが効果的です。すべての子に必要というわけではありませんが，勉強が嫌いと思っている子にはゲーム感覚で受け入れやすいようです。また，コンピュータは同じことを何度もしてくれます。漢字や計算練習は繰り返しがつきもので子どもたちをうんざりさせますが，この繰り返しは好評です。編者たちは漢字学習入門期の子どもたちを想定して「かんじダス」（www.dyslexia.16mb.com）というアプリを作成しました。この他にもたくさんのアプリがありますので，活用してみてください。

ゲームで楽しく漢字を覚えるアプリ

※ P126「自分でつくる！学習支援アプリケーション」を参照ください。

POINT!
・子どもにとって親しみやすい身近な教材を
・スモールステップでできる・わかる教材準備を
・クラスでみんなと一緒に勉強している実感のもてる発表の機会を

✨ 授業づくり　　🌱 低学年

個別支援の必要な子のいるクラスでの授業の進め方

1　気になるAさんの様子

　2年生のAさんは，理解が遅かったり作業に時間がかかったりすることが多い女の子です。計算や文字を間違えても気づかないでいることや問題の意味を取り違えていることもあります。先生は個別指導が必要だと思っています。机間支援の際にそばに行って指導をしようとするのですが，ノートを手で覆って見せなかったり「一緒にやろうか。」と声をかけても先生が自分のところだけで止まっていたり，教えていたりするのを嫌がって「大丈夫，あっち行って。」などと言います。ますます遅れてしまうのではと心配です。

2　クラスの様子

　クラスの子どもたちには学力差があり，学習に意欲的でない子もいます。Aさんはその中でも学力が低いため，授業中，つまずきが見られた時は，このままだと授業が全くわからなくなってしまうと考え，他の子に「ちょっと待ってて。」と言って，すぐにAさんのところへ行き，あまり嬉しそうでなくても，つまずきへの支援をすることがあります。そんな時，ほかの子どもたちは言葉には出しませんが，目を見合わせたり「え，まただ。」と言ったりすることがあるのをAさんは敏感に察しているようでした。またAさんに声をかけることや，特別な支援をすることに「Aさんだけひいき。」という子も出てきました。

3　Aさんとクラスの分析と対応

　下記の視点について検討，対応しました。

Aさんについて

①個別の支援への抵抗をなくすには

→これまでの支援はAさんだけ目立ってしまう特別な支援で，恥ずかしいという気持ちや，友達に何か言われそうという不安があったようです。「先生はお助けマンだから，困ったりわからなかったりする時はいつでも行くよ！」と個別の指導が当たり前の雰囲気をつくっておくことはもちろんですが，目立たない方法も考えました。うっかりミスなら紙に書いてそっと渡します。一人だと目立つので「○班の人，ノート見せにきて。」などさりげなくAさんのいるグループを呼ぶなど恥ずかしさへの考慮をします。

②自分から聞く気持ちを育てるには

→担任はAさんの様子を見て個別の支援をしていますが，行き届かないこともあります。同じグループの友達は優しくて，Aさんが困っている様子の時に，「そこ赤で書くんだよ。」「次はここだよ。」と言うと，手を動かし始めることがあります。でも自分から聞くことはしません。おとなしいAさんは，聞くことにも抵抗があるようです。そこでペアでクイズ「好きなもの当てっこ」を隙間時間などに行い，友達に聞いたり答えたりするやりとりでコミュニケーションの抵抗を減らすことをねらいとしました。クイズ好きなAさんは見事当てて笑顔が見られることもありました。「できた！」「嬉しい！」という経験から，学習でも聞く抵抗が減るとよいと思います。

③いつでも聞ける，先生とAさんだけに通じるサインを

→「先生，教えて。」と言うのが恥ずかしいAさんと二人だけに通じるサインを作りました。Aさんが赤鉛筆を握って横に持ち先生を見た時は来てほしい時の合図。先生が同じ動作をした時は「大丈夫？」という合図です。クラスの誰も知らない二人だけの合図ができてAさんはとても嬉しそうで，よく先生に合図をするようになりました。もちろんAさんの気持ちを考えて支援はさりげなく行います。

クラス全体について

① 「ずるい」「ひいき」の声にどう対応するか

→以前に「さすが!」と思えた先輩の対応があります。「先生!Ａさんをひいきしてるでしょう!」と子どもたちから声があがった時です。先生はにっこり笑って「そう!ひいきしてるわ。」と悠然と答えた後「でも,あなたも,Ａさんもひいきしちゃったわ。この前あなたが教科書忘れた時,先生そっと貸しちゃったよね,ひいきしちゃったわね。」「Ａさんが宿題途中までしかできてなかった時も『とっても丁寧にやったから時間かかったんだね。これでいいよ。』って許しちゃったよ。ひいきしちゃったなぁ。」「Ｂさんも……」と個別に対応したことを次々話して「み～んなひいきしちゃったねえ。」と笑顔でまとめました。それに文句を言う子はだれもいませんでした。「先生は困ったことがあったらこれからもＡさんだけでなく,だれでもいつでも助けてあげるよ。」というメッセージをこの話に込めたのです。子どもたちがこの話に納得したのには,日頃から先生が誰にでも必ず対応してくれるという経験と安心感が一人一人にあったからです。

②個別の支援の時間が他の子にも有意義な時間とするためには

→Ａさんの個別の支援が始まる時,子どもたちが目を見合わせたのは「また待たされるのか。」という思いがあったからかもしれません。Ａさんの支援の時間は,他の子は「お勉強の貯金」と称してそれぞれの保護者に用意してもらったその子に合った課題プリントをする時間とします。年度初めの保護者会で「授業中,『今,ここでこの子に支援をしたい』という時がどの子にもあります。それができるようご協力ください。」と子どもに応じたプリントを用意してもらいます。苦手を克服するもの,得意なことをさらに伸ばすようなものなど子どもと話し合ってもらうとさらにいいと思います。協力できない家庭のために担任も用意をしておきます。授業中,つまずいた子を発見した時,頃合いを見て「ハイ!お勉強の貯金始め!」と声をかけると子どもたちはプリントに取り組みます。その間に担任はつまずいた子の支援を行います。支援が終わったら「お勉強の貯金終わ

り！」と声をかけ提出させます。これには「繰り上がりの計算全問正解。お勉強の貯金の効果だね。」などと丁寧にコメントを書いて返します。それは，個別の支援の時間が「待たされている損な時間」ではなく「自分たちにも得意を伸ばす／苦手を克服する大事な時間」だと考えてほしいからです。保護者からは，「プリント作りを通して子どもと学習の話が増えた。」「今日は僕が先生に教えてもらったと嬉しそうだった。」等連絡がありました。授業をユニバーサルデザイン化しても個別の支援が必要になる時はあります。個別の支援の時間が他の子にも「待たされる，つまらない時間」ではなく「意味のある時間」となることで，誰もが安心して個別の支援を受けられるクラスとなります。

POINT!
・その子には，恥ずかしくない個別の支援を
・他の子にも有意義な時間となる「個別の指導」の時間を
・「Aさんだけずるい」の声にはにっこり笑ってみんな納得の答えを

✨ 授業づくり　　🌱 低学年

聞くことが苦手な子のいるクラスで行う発言・発表の工夫

1　気になるＡさんの様子

　Ａさんは，おとなしくて自信がなさそうに見えます。日直の司会や係からの連絡など，決まっていることはみんなと同じようにやれます。授業中は，前を向いてしっかり話を聞いているように見えます。しかし，担任が指示を出してから課題に取り組むのが遅く，隣の子や周りの子を見て，はっと気がついて取り組み始めるということが度々あります。知的な遅れはなさそうですが，話の内容や話の終わりがよくわからないようです。Ａさんは質問に答えるのが苦手で，困った表情で戸惑っている様子が見られます。

2　クラスの様子

　Ａさんは，はじめてのことをする時は，取りかかるのが遅くなって側にいる子に「早くやって。」と声かけされることがあります。のんびりしたところがある子だと思われているようです。当番やそうじなどに黙々とまじめに取り組むので，トラブルになることはありません。授業の時，周りの様子を見てから課題をやり始めても「きょろきょろしないで。」とか「見ないでやるんだよ。」などと注意をする子はいません。話し合いや質問された時に，もじもじして答えられないことを，からかったり変な目で見たりということもありません。Ａさんは，休み時間にみんなで遊ぶ時は一緒に遊んでいますが，日頃は，二，三人で過ごしています。クラスの一員として認められているものの，積極的にＡさんと関わる子はあまりいません。Ａさんの，聞くことの苦手さは，目で見てわかりにくく，しばしば取りかかりが遅くなったり周りを見たりするのは，言われたことがよくわからなくて困っているからだ

とは，思われていないようです。

3 Aさんとクラスの分析と対応

下記の視点について検討，対応しました。

Aさんについて

①ことばだけでの指示と文字で示した時とで違いはなかったか

→ことばだけでなく文字で示した時は，みんなとほぼ変わらずに，自分から
課題に取り組む姿が見られました。戸惑いの表情も見られませんでした。

②周りの様子を見て取り組めるようにするにはどうするか

→周りの様子を見てから取り組めるように，座席を前から二番目にしてみま
した。話や指示を聞き逃しても，前にお手本となる子がいるので，安心し
た様子で取り組めていました。また，座席が二番目だと，担任が個別に声
かけしやすく，Aさんの取りかかりを促すことができました。

③質問に答えやすいのはどういう時か

→指名する際には，モデルがあると答えやすくなると思い，二番目以降にし
ました。質問は，注意を促してから，二度繰り返すようにしました。さら
に，選択肢を示し，文字で箇条書きにしました。選択肢は，二つより三つ
の方が答えやすいようでした。Aさんは質問を理解しやすくなり，発言を
促すことにつなげられました。

④話や指示が伝わりやすく，取りかかりやすくするにはどうするか

→聞くことに集中できるように，聞く時は，聞くだけにしました。話や指示
は，短く，具体的にと心がけました。「ここ」「この大きさ」のように，明
確な言い方をすると伝わりやすくなりました。やることを一つのことだけ
にしたら，みんなと同じタイミングで，次の話や指示を聞く態勢になるこ
とが増えてきました。視覚的な支援（絵，写真，図，具体物，身振りな
ど）も話の内容を理解する助けとなったようです。

授業づくり

▼ 低学年

第2章　気になるあの子とユニバーサルデザインのクラスづくり・授業づくり　83

クラス全体について

①聞きやすい環境を整えるには

→いろいろな音や話し声がする中では，Ａさんは何を聞けばいいのかわかりにくくなります。周りが静かであることが大切だと考えました。「静かにしましょう」とことばで繰り返すのは２回程度にし，口を結んで聞くという表示や，口に人差し指をあて「静かに」という身振りを活用しました。聞くことへの集中を高めることができました。

②わかりやすい話や指示にするには

→大事なことやキーワードを，文字で書きそれを読み上げるようにしました。Ａさんだけでなく，クラスのみんなが，話の内容がよくわかるようになりました。写真や絵などの視覚的支援をする際も，文字を併用しました。吹き出しをつけて説明を書くのも，話を理解する助けとなりました。

③活動に取り組みやすくするには

→「聞くだけ」「書くだけ」「話すだけ」のように，取り組むことは一つだけにします。低学年の子どもにとって，書きながら聞いたり，手を動かしながら黒板を見たりするのは難しいことです。何か別の活動をする時にはいったん手を止め，次の活動のために注意を集中させます。

④クラス全体で，わかりやすい発表に取り組むために

→担任は話し方のお手本として，必ず子どもたちを見て話すようにし，板書しながら話さないように気をつけました。Ａさんは，担任が話していることが目で見てわかり，話の終わりに気がつきやすくなりました。文字支援があるので取りかかりもよくなってきました。「話し方」「聞き方」のポイントをまとめて，クラス全体の発表や聞く時の学習につなげました。また，話し合いでは，話す人は手を挙げて，誰が話しているのかわかるようにというルールを作りました。Ａさんは，話し手に注目できるようになってきて，話し合い活動での表情が少し明るくなってきました。

⑤お互いの関わりを広げるクラス活動では

→Ａさんは，手順や既にルールがわかっていることには参加しやすいので，

クラスのみんなで一緒にゲームや遊びに取り組む機会を多くしました。新しい遊びを紹介する際は,ルールを言うだけでなく,ルール表を作ることを通して,お互いにわかりやすい方法を知るようにしました。

⑥みんなとのかかわりの中で,発表の機会を増やすには

→Aさんの得意なところを発揮できるように,クラスみんなでの活動を計画しました。グループでクラスレクの紹介を担当し,その準備を通して,グループの子どもとのかかわりが増えていきました。授業でも,グループで発表する機会を通して,クラスの子どもたちとのかかわりを広げ,発表することへの自信も育まれてきました。

POINT!

・騒音を軽減し,静かな環境を
・大事なことや,キーワードは文字で指示を
・聞く時は聞くだけにし,一つに集中を

✨ 授業づくり　　🌱 中学年

学力差の大きいクラスで どの子も参加意識を得ることができる授業の流れ

1　学力が高い子の様子

　全体への指示や説明で，学習課題を把握し，自ら活動に取りかかり，素早くやり遂げることができますが，課題を早くやり終え，近くの席の子に話しかけたり，手いたずらをしたりする姿も見られます。自分の考えを友達にはっきりと伝えることができ発言も多いですが，友達が先に発言してしまうと落胆する姿が見られる時もあります。

2　学力が低い子の様子

　単純な計算問題や漢字を書き写すなどの活動は，自分で進められますが，学習課題について自分なりの方法や考えをノートに書いたり，複雑な計算問題を解いたりする時には，一人で進めることが難しいです。授業の後半は，集中が途切れ，近くの席の子と話したり，机に顔を伏せてしまったりして，学習に参加できない状態になることもあります。

3　クラスの様子

　授業は，意欲的な子どもたちの発言で進んでいきます。学習課題を個々に考え始める時間になると，学習スピードが速い子たちから，「わかった。」「簡単。」といった声が聞こえてきます。一方，学習の準備が整っていない子や全体の説明では理解できなかった子には，担任が個別に声をかけ学習を促します。次第に，「わかった。」「できた。」という声が増え始め，クラス全体がにぎやかになり集中が途切れます。担任が「静かにしましょう。」「早く終わった人は〜をしていましょう。」と言いますが，指示が通りにくくなり，

授業が中断することもあります。

4 「学力が高い子・低い子も一緒に活動できる」クラスにするために

　下記の視点について検討，対応しました。

学力が高い子について

①多くの子に発言の機会をつくり学習への意欲を継続させるには

→友達の発言に対して，「言われちゃった。」という声がよく聞かれました。
　そこで，一つの質問に対して，「同じ意見でもいいから自分の言い方で言
　ってみよう。」と促し，複数の子が発言できるようにしました。発言した
　時には，大きくうなずいてしっかり受け止めるようにしました。落胆して
　いた子たちも，自分なりの言い方を工夫して，「○○さんと似ていて……」
　とつなげる発言をするようになりました。さらに，「今の意見をまとめる
　とどういうことですか。」という質問を投げかけるようにしました。子ど
　もたちは，これまでの友達の発言を思い出したり，黒板や教科書を見たり
　して，よりよい意見を考えようとする姿が見られました。みんなが思いつ
　かないような考えの発言があった時には，拍手や称賛の声が出ることもあ
　りました。子どもたちの思考力を高め，授業の中で充実感がもてるように
　することをねらいました。

②課題を早くやり終えてしまう子がいる時，意欲を継続させるには

→活動時間に差があることがわかったので，活動前に，早く終わった場合に
　やることを伝えるようにしました。例えば，算数では同じ課題でも，違う
　解決方法を考える，よりわかりやすい説明を書くなど，思考の過程がわか
　るようなノートづくりをするように伝えました。あるいは，次の学習プリ
　ントを用意しました。学習意欲に溢れているので，意欲が継続するような
　活動を行うことをねらいました。さらに，課題解決に悩んでいる友達がい
　た場合，「考え方ややり方のヒントを教えてあげよう。」と投げかけ，手伝
　ってもらうようにしました。教えることで理解を深めたり，理解を確認で

第2章　気になるあの子とユニバーサルデザインのクラスづくり・授業づくり　87

きたりしていると感じました。活動時間に空白が生まれることが集中を切らし，クラス全体に影響していることがわかったので，特に活動前に子どもが見通しをもてるような指示や準備を心がけました。

学力が低い子について

①全体への説明だけでは理解が難しく，活動への取りかかりに時間がかかる時には

→一斉の指示は，短い言葉で「何をどのように考えるのか」具体的に伝えました。また，黒板に授業の流れを書き，視覚で捉えやすくすることで，ちょっと声かけがあれば活動を進められる子にとっては，黒板を見ながら進めることができ効果的でした。クラス全体の個々の質問が減ることで，担任は，こうした指示だけでは取り組めない子に対して，個別の支援が行えるので，活動への取り組みがスムーズになりました。

②授業で発言の機会をつくり参加意欲を高めるには

→授業の始まりに，どの子もわかり，回答が明らかな質問を意図的に入れることで，だれもが発言できる機会を設定しました。授業の始まりにおいて，クラス全員が同じスタートラインに立ち，どの子もわかる状態をつくることで，1時間の授業への参加意欲が高まるようにしました。自分も発言できるという機会を1時間の授業の中で設けることで，自己肯定感を高めたいと考えました。

③自分で学習を進められるようにするには

→よくわからない，何をやっていいかわからないという場面に出会うと，意欲が軽減する子が見られました。そこで，日頃からノートを点検したり，授業中の様子を確認したりして，個々の学習状況を理解するように努めました。そして，一斉の指示の後，どの子から優先的に声かけが必要か事前に準備していくようにしました。早めに個別の声かけをすることでやることがわかり，意欲的に取り組む姿が見られました。学習に参加できる時間が増え，「わかった」「できた」と実感できた時，子どもは学習への意欲を高めていたように感じました。

今日の授業の簡単な流れを伝えます。内容や授業の形態で伝え、1時間の見通しがもてるようにします。一人で考える時は、声を出さずに行い、③の友達と相談の時に意見の交流をしますと伝えると、不用意な発言や質問が減ってきます。

クラス全体について

互いに学習に集中できるようにするには

→課題を早く終えると、もっとやりたい、早くやりたいと学習意欲があるので、すぐに「できた。」「簡単。」といった発言が出て、まだやっている子が焦ってしまいケアレスミスをしたり、十分考える時間とならなかったりしていました。「周りの友達のことを考え、誰もが学ぶ時間」という授業ルールを徹底しました。また、授業の前に「今日の学習の流れ」を簡単に箇条書きしたり、声の大きさの図を掲示したりしてルールが浸透するようにしました。

POINT!

・どの子にも活躍の場面を
・1時間の中でどの子にも「わかった」「できた」の実感を
・視点を絞って細やかな子ども理解を

✨ 授業づくり　　🌱 中学年

学力差の大きいクラスで学力を補填するための宿題の出し方

1　学力が高い子の様子

　学習に意欲的でどの教科においても積極的な発言が見られます。全体の指示で活動が進められるので，授業中に行うワークシートの問題やドリル学習はすべてやりきることができます。宿題は，基本的にはクラスで同じ課題を出していますが，毎日きちんと課題をやり終え提出ができます。

2　学力が低い子の様子

　全体の指示では理解が十分にできず活動が進められない時があります。隣や周囲を見て進めようとする子がいたり，学習への意欲が低く，なかなか活動が進まない子がいたりします。授業中に行うワークシートの問題は，書き写す，簡単な計算問題などは自力で進められますが，調べてまとめる，考えを書くなどの問題では自力で進められないことが多く担任の声かけが必要な状態です。そのため，休み時間を使って担任が寄り添って一つ一つ確認しながらやり終えます。宿題は，簡単な計算問題などはできますが，複雑な計算や量が多い問題の時には，やりきれないまま翌日提出している様子が見られます。

3　クラスの様子

　授業中，学習のふりかえりや深める活動として，教科書の練習問題やドリル問題，ワークシートを活用しています。作業時間と学級の実態を踏まえて，問題の量を決めて行いますが，学力の低い子や集中が続かない子は，やりきれずに休み時間になってもやる場合もあります。こうした実態を踏まえ，宿

題は，子どもができそうな内容で全員同じ課題を出しています。連絡帳に宿題の課題を書き，保護者にもわかるようにしています。家庭で，保護者が子どもの宿題を確認し間違えたところを直して提出する子もいます。忘れてしまう子，課題を雑にやっている子もいて，次第に同じ子が忘れていることがわかってきました。

4 「学力が高い子・低い子も一緒に活動できる」クラスにするために

下記の視点について検討，対応しました。

学力が高い子について

宿題をやることで充実感を持ったり，理解を深めたりすることにつなげるには

→全員が同じ課題を行っているため，課題を十分にやりきれている状態ですが，時には，全員が行う宿題に加え，もっと挑戦したい子には追加の課題を設定するようにしました。プリントや課題の数を増やすなどです。学力が高い子は，よしやってこようと意欲的に取り組んでいました。

　また，個別の自主学習ノートを用意し，個々が興味を持っていることやさらに力を高めたい学習など自分で決めた課題を宿題として設定するようにしました。自分で決めたことをやることで充実感を持って進められるので意欲的に取り組んできました。授業では深めきれない内容や日頃から自分が興味を持っている内容を自分なりに調べたり，考えたりして創意工夫が見られました。

学力が低い子について

宿題がやりきれず，自力で進めることが難しい場合には

→それまでの授業や宿題の提出状況を把握しておきました。そうした実態を踏まえ，ほかの子と同じ課題の宿題を出すようにしていましたが，つまずきが予想される部分については，「もし，ここの問題で困ったら〜のようにしてよいです。」のように説明を加えるようにしました。それでもさらに個別の支援が必要な子には，個別に「ここまでやる。」というように課

授業づくり

▼ 中学年

第2章　気になるあの子とユニバーサルデザインのクラスづくり・授業づくり　91

題の範囲を限定しました。

　つまり，同じ課題であっても，スモールステップで個に応じた量や内容に調整して対応することで，提出できるようになってきた子もいます。

　宿題は，家庭学習の習慣をつけることや学習の補充を行うことをねらっています。個別の支援が必要な子の場合，量を調節するだけでなく，課題（内容）を変える場合もあります。そこで，日ごろから保護者と子どもの学習状況について連絡を取り合い知っておいてもらいました。学習の補充を行うための宿題ですが，ほかの子と同じ課題では子どもの実態に合っていない場合は，宿題の課題を変えることを提案しました。例えば，漢字や算数の計算は，下の学年でつまずいているところがあり，その段階からやっていくことを伝えたところ，保護者からもそのようにしてほしいという要望があったので課題を変えていくことにしました。ただし，その子が周りの子に知られたくないということもあるので，課題提出は個別に行うように配慮をしました。

クラス全体について

①宿題を忘れたり，課題を雑にやったりしてくる子には

→年度当初に，宿題を何のために出しているか宿題の意味を子どもたちに伝えておきました。そして，基本的にドリル学習や家庭で見届けをしやすい内容にして，家庭の協力が得やすいように配慮し，継続的に家庭学習ができるようにしました。

　しかし，それでもやり忘れた場合は，学校の休み時間にきちんとやり終えるようにしました。また，宿題の点検をしてやり方が雑だったり，間違っていたりする場合には，できる限りその日のうちにやるよう声をかけて行いました。ミスや雑な表記があった場合は，必ずきちんとやり直しをさせました。子どもたちには，丁寧に最後までやり遂げること，点検する担任も見逃さずに確実に行うことを繰り返し続けていくことで，「丁寧に行う」ことを意識するようになってきました。また，子どもの努力を認め，励ましていくようにしました。

教室の背面黒板に、丁寧なノート作りや内容が工夫されている子どもの宿題をコピーし掲示します。目で見ることができるので友達も参考にできます。

掲示された子も励みとなります。

②がんばっている子を認め、クラス全体へ広げていくには

→丁寧なノートや工夫してある内容については、学級だよりや掲示で学級へ紹介しました。それを見て周りの子は、「○○さんノートがきれい。」「私も○○さんのようにやって来よう。」という声が出てきました。頑張っている子を称揚したり、意欲を喚起したりして、クラス全体で宿題をきちんとやる、みんなで学習する雰囲気を高めるといった雰囲気づくりを行いました。

POINT!

・子どもたちの実態や学力に応じた内容を
・特に学力が低い子の場合、保護者との連携を
・努力を認め、充実感を

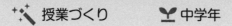

8 指示がないと学習が進められない子のいるクラスでの授業の見通しのもたせ方

1 気になるAさんの様子

　4年生のAさんは，目立たないおとなしい女子です。よく窓から運動場や遠くの山を見ています。そのため，担任に何か言われても気づかないことが多く，隣の席の子どもが「Aさん次はこれよ。」と声をかけてやっと作業を始めることが多いです。また，担任が全体に指示を出した後，Aさんの側に行って指示を繰り返して伝えています。知的な遅れはありませんが，こだわりが他の子どもよりも強く，いつの間にか自分の世界に入っていて，みんなと同じように作業や活動に入れません。

2 クラスの様子

　担任が「さあやりましょう。」と言ってもAさんは何をしていいのかわかりません。そのようなAさんにクラスのみんなは優しく教えています。休憩時間は「Aさん，長縄するよ，行こう。」などと声をかけてもらって一緒に遊ぶこともありますが，声をかけてもらわなかった時は教室で静かに読書をしています。一人でいることに苦痛を感じている様子はなく，クラスのみんなもAさんを特に排除しているわけでもありません。担任は，Aさんがいつまでも周囲からの指示や声かけなしでは学習に参加できないことに悩み始めています。Aさんが学習に意欲的になり，自分から何事にも取り組んでいくためには1時間の授業の見通しをもち，今何をするのか，次に何をするのかを理解する必要があると考えていますが，そのために何をすればよいのかわからない様子です。

3　Aさんとクラスの分析と対応

下記の視点について検討，対応しました。

Aさんについて

①どのような特性をもっているのか

→日々の観察や学習の様子，専門機関からの情報提供などから，知的な遅れ
はないこと，ワーキングメモリーはどちらかというと強いこと，人とのかか
かわりが苦手なこと，こだわりがあり人の気持ちなど目に見えないものの
理解が苦手なこと，などがわかりました。担任は，「1時間の授業の流れ」
や「今日の時間割」「めあて」「まとめ」「今ここを示す矢印」などを準備
してできるだけ視覚的な情報提供を心がけるようにしました。

②Aさんが生き生きと取り組めることは何か

→Aさんの好きな学習は図工です。絵を描く時は細かな部分まで丁寧に描い
ています。工作の時はクラスの誰よりもダイナミックで独創的な作品を作
ります。作っている時は自分の世界に入り込んでいるようでとても楽しそ
うです。そこで担任は「1時間の授業の流れ」「今日の時間割」「今ここを
示す矢印」などをAさんと一緒に作ることにしました。自分の作ったもの
が学習場面で出てくると嬉しい様子で担任の話も少しずつ聞けるようにな
ってきました。また，翌日の国語の予習を一緒にしたり作文の題材を事前
に話し合ったりして学習に見通しがもてるようにしました。

③Aさんが学級生活の中で自分から動けることは何か

→Aさんは給食や掃除の仕事はこつこつとできますが，仕事内容や掃除場所
については同じ班の人に教えてもらっていました。でも，やがてAさんは
当番表を見て指示なしで動けるようになりました。Aさんは視覚的な情報
や同じ行動の繰り返しで自分から動けることがわかりました。担任は授業
の中でも視覚的なものや決まった手順を準備することにしました。

授業づくり

▼ 中学年

第2章　気になるあの子とユニバーサルデザインのクラスづくり・授業づくり　95

クラス全体について

①Ａさんだけ「違う」対応を子どもたちはどう思っているか

→クラスの中にＡさんを特別扱いしているというつぶやきがありました。そこで担任は，Ａさんには全体への指示後個別の指示を出すことなど，クラスのみんなとは「違う」対応をしていることについて話しました。人はみんな得意なことと苦手なことがあります。苦手なことには何かの助けがあれば頑張ろうと思います。Ａさんは初めての活動や見通しのもちにくい学習に不安を感じて自分からなかなか取り組めないところがあります。そのため個別の指示を出します。これは「特別」ではなくてみんなとは「違う」学び方をしているということです。ゴールは一緒でも途中のルートは色々あるということをクラスのみんなは頷きながら静かに聞いていました。

②基本的なことを繰り返していくことで学習の見通しがもてるように

→Ａさんができるだけ自分から進んで学習ができるように，次のような工夫をしました。1時間の流れがわかるカードの掲示や，「今ここの学習をしているよ」とわかる矢印の提示や，新出漢字で空書→指書き→鉛筆なぞり書き→鉛筆書きのようにパターン化してみんなで声を出しながら学ぶことなどです。これらはＡさんだけでなくクラスのみんなにもわかりやすくてよいと担任は気づきました。そして，何か特別なことをするのではなく，基本的なことを確実に，しかも何度も何度も繰り返し定着させていくことで学習の見通しがもてるようになることもわかりました。

③Ａさんの学習意欲を高めるにはどうしたらよいか

→学習意欲を高める方法はいくつかあります。Ａさんの場合は導入の工夫と選択肢を準備することにしました。導入では写真や動画をできるだけ多く使うようにしました。作文の学習では原稿用紙をマスの大きさやマスの数が違うものを三種類準備して，自分で選ぶようにしました。選択肢を準備して自己決定をすると最後まで意欲的に頑張れました。

④Ａさんを含めたクラスのみんなが授業の見通しをしっかりもつには

→授業の見通しをもつことは大変重要なことです。Ａさんのような特性のあ

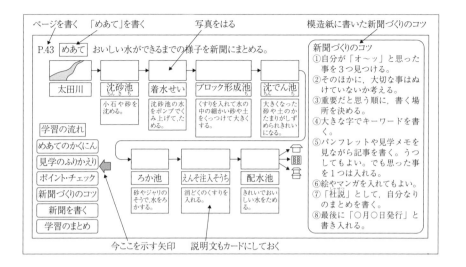

る子どもだけでなく、教室には様々な子どもたちがいます。担任は、今何をするのか、次に何をするのかがどの子どもたちにもわかるようにする必要があります。例えば、黒板は一つの作品です。今日の学習のめあてと教科書のページを書き、この1時間の流れを黒板の端っこにラミネートされたカードなどで提示し、そこに赤い矢印で今何をしているのか視覚的に示します。社会科見学の新聞づくりの場合ではビデオ上映で概要を振り返り、ポイントとなる場面の写真やカードなどを使って、見学のまとめをします。さらに社会科新聞の書き方について以前学習した模造紙を貼り、新聞のワークシートを3段組と4段組と段組無しから自分で選び、書き始めます。このような基本的ないくつかの取り組みの繰り返しによって、Aさんを含むクラスのみんなが授業の見通しをもつことができるようになります。

POINT!

- Aさんと一緒にグッズづくりを
- 導入の工夫と自己決定でAさんに自信を
- 特別なことではなく基本的な取り組みの繰り返しを

✦ 授業づくり　　🌱 中学年

読み取る力や書く力が不足している子のいるクラスでの教材の工夫

1　気になるAさんの様子

　3年生のAさんは真面目でおとなしい女子です。係の仕事や掃除も丁寧にやり、仲の良い友達もいて、休み時間には楽しそうにお話をしています。学校生活はみんなと同じにやれるのですが、国語の時間に内容の読み取りの質問をすると困った顔で立ちすくみ、答えることができません。作文は丁寧な文字で書いていますが、内容を見ると前後の関係がわからない文章があり作文は苦手なことがわかります。でも本は好きなようでよく読んでいます。知的に遅れはなく算数の計算など特に問題ありません。時々国語や算数でわからないことがあると友達が教えてくれているようです。

2　クラスの様子

　クラスには他にも読み取りが苦手な子や文字の形がとれず、作文も短くしか書けない子どもたちがいます。その一方では読み取りも作文も大好きという子どもたちもいます。担任はどの子も読むこと書くことが好きになってほしいと、隙間時間に楽しい本を読み聞かせしたり班ごとに日記を書かせたりしています。Aさんは普段はみんなと同じようにやっていて特に目立つことはないのですが、時々文章が出てくると動きが止まってしまう時がありクラスの中には不思議に思っている子もいるようです。でも仲間外れになることもなく、わからない時には友達が教えてくれるやわらかい印象のクラスです。

3　Aさんとクラスの分析と対応

　下記の視点について検討、対応しました。

Aさんについて

①音読には問題がないのか

→ひらがなも漢字も一文字一文字は正確に読めていました。しかし，自信がなさそうにかなりゆっくりでした。そこで，音読を指名する時は読みやすいように，何人かの子どもの読みを聞いた後で，当てるようにしました。音読がある日は，前日に読む文章を伝えておくようにしたところ，家庭で練習をしてきてテンポよく読むことができました。ただ，初めて見る文章は難しいようでどうしても拾い読みのようにゆっくりになります。練習を重ねても他の子のようにすらすら読めるようにはなりませんでした。

②どんな時に話の内容が理解しやすいのか

→文章を読み上げてからAさんに質問をしてみたところ，答えることができました。自分で文章を読んだ時よりも耳で聞いた時の方が内容を読み取りやすいことがわかりました。そこで，教室でもできるだけ文章が出てきたら音読するようにしました。また，テストも問題文や質問を音読するようにしました。音読するようになってからAさんのテスト結果も点数が伸びるようになりました。

③書く力を伸ばすにはどうするか

→作文の時間には書く前にAさんと「何について書きたいか」「はじめに起こったことは？」「次に起こったことは何か？」を話し合いました。そのあとで作文を書くようにしたところ，前後の関係もわかりやすく，自分の考えも書いた作文を書き上げることができました。

④本を楽しむために

→本からたくさんの情報が得られます。正確でなくてもおよそのことがわかればよいので，好きな本をたくさん読むことをすすめました。

クラス全体について

●読み取る力●

①読み取りやすくするには

→読み取る力が不足している子も得意な子もいます。一人一人，どの子のニ

授業づくり

▼ 中学年

第2章　気になるあの子とユニバーサルデザインのクラスづくり・授業づくり　99

ーズにも応えられるような授業を工夫しました。

イラストや写真や動画：文章を読む前に，文章の内容に沿ったイラストや写真や動画を使って内容に関係した話を十分に時間をかけてします。内容や背景がおおよそわかっていると読みやすくなります。すぐには読めない単語や文章があっても前後の関係から勘を働かせて読み取ることができます。

②読み取る内容を明確にするには

→ア　黒板に全文を書く：クラスのどの子も同じ文章を見ることができます。大切な文章など指示棒で指し示すことで確認しやすくなります。実物投影機があれば，板書せずに文章を黒板に写し出すことができます。

　イ　内容の読み取りのポイントとなる質問をする：内容理解に一番近づける質問（ポイントとなる質問）を考えて子どもに投げかけます。

　ウ　文章の音読（範読）：子どもたちはポイントとなる質問の答えを探しながら音読（範読）を聞きます。文章のイメージができるようにできるだけゆっくりと読みます。

　エ　ポイントの文章を探す：子どもたちの手元に教材の文章と蛍光ペン（鉛筆）を準備しました。ポイントとなる質問の答えと思う箇所を文章中から探して，蛍光ペン（鉛筆）で線を引きます。引く線の数は，たとえば三つまでなどと制限をします。Ａさんも文を見つけて線を引くことができました。みんなが見つけた箇所を発表し，黒板上の文章に線を書き入れて確認をしました。

③読み取ったことを文章にまとめるには

→**文章にまとめる**：わかったことを文章にまとめました。文章の長さや内容については子どもに任せます。Ａさんもポイントの質問に答えるＱ＆Ａにパターン化することで文章にまとめることができました。

●**書く力**● ―作文―

①書く内容を明確にするためには

→ア　思いついたことを発表する：クラス全員で作文のテーマについて思い

ついたことをどんどん出します。

　イ　黒板に書き出す：意見は短いことばにして黒板に書いていきます。関連した意見は一つのまとまりになるように線でつなぎます。流れでまとまっていくように図的に書いていくと、マインドマップのような図ができあがります。Ａさんも思い出したことを発表することができました。クラスの子も忘れていたことなどが加わって内容が膨らみました。

②書きやすくするには

→ア　時間の順序に並べる：書き出された意見を時間の順序に整理しました。

　イ　要るものと要らないものを整理する：自分が書きたいと思うことを決めました。関係ない意見は省略して、要るものだけを選択しました。

③読み取ったことを作文にするにはどうしたらよいか

→図を見ながら文章にする：書きたいと思ったことを時間の順序に従って文章にしていきました。Ａさんも書くことがわかったので、作文を緊張せずに書くことができました。

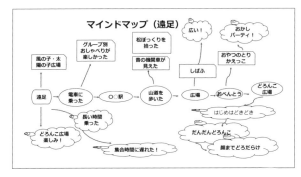

マインドマップ

POINT!

・読み取る前にイラストや写真や動画で内容と背景の知識を
・文章の音読を聞くことで内容を読み取る手立てを
・書く前に十分な話し合いで書く内容の整理を

✨ 授業づくり　🌷 高学年

10 授業中の基本的習慣が身についていない子のいるクラスの授業ルール

1　気になるAさんの様子

　5年生のAさんは，自分の興味関心のあることは集中して取り組むことができる男子です。知識は豊富なのですが，発言のルールを守らずに勝手に答えを言ってしまいます。また，授業中，ノートを机の上に出していても黒板に書かれていることを写すのではなく，何かをおもむろに書き始め，それをずっと続けています。周りの子からは，授業中関係のないことをしているのに，答えを言ってしまう勝手な子，と映ってしまっています。

2　クラスの様子

　教師の話を聞き，Aさんが答えを言ってしまうたびに子どもたちはため息をつき，「またAさんが……。」という表情を見せます。高学年は，自分の意見を言おうとする子が減ってくるのですが，それでも自分の考えを発表したいと思っている子はいます。そうした子からすると，Aさんの行動は許せないはずです。また，様々な意見を出した上でお互いに考えを深められるような授業をしたいと思っていても，このような発言があるとそれはできなくなってしまいます。そんな担任の思いが子どもたちに伝わってしまい，子どもたちはAさんに対して冷たい態度を取るようになってしまいました。担任がAさんを注意しても，Aさんは反省する素振りを見せず，そのまま自分のしていたことを続けています。そんな姿を見るたびに，周りの子の不満は募ってしまいます。

3 Aさんとクラスの分析と対応

下記の視点について検討，対応しました。

Aさんについて

①発言のルールを守れないのはなぜか

→Aさんの授業中の様子を見ていると，話し手を見て聞いているのではなく，机の上にあるノートを見て何かを書きながら話を聞いていることがわかりました。そのため，クラスの子どもたちにわかるようなサインを送っていても，Aさんは見ていないのでできないのだということもわかりました。また，Aさんと話していく中で"手を挙げて名前を呼ばれてから発表する"というルールを知らなかったこともわかりました。

②発言のルールを守れるようにするために

→Aさんは，教師を見ていないために担任のサインを見落としてしまっているので，ルールを守ることができるように以下の二つの方法を考えました。

(1)目に見える形（サイン）ではなく，耳に訴える形（声や音）で伝える。

(2)教師を必ず見る合言葉を決め，必要な場面では合言葉を伝えてからサインを送る。

また，集団で学習をするためにはルールを守ることが大切だと教え，「発言は名前を呼ばれてからする」ことはルールであることも伝えました。

③授業中に何かを書き続けている理由を探る

→発言以外に気になったAさんの行動は，話を聞くべき時におもむろにノートに何かを書き，それを続けていることでした。直接聞いてみると，「手いたずらをしないための工夫」だということがわかりました。Aさんも自分の苦手な部分を認め，自分なりに改善しようとしていることがわかりました。Aさんは，自分が苦手なことに対して努力しているのに，クラスの友達や先生にわかってもらえないことに辛い思いを抱えているようでした。

授業づくり

▼ 高学年

第2章　気になるあの子とユニバーサルデザインのクラスづくり・授業づくり　103

クラス全体について

①授業が度々中断されることを子どもたちはどう思っているか

→授業の中断は子どもたちの学習意欲を妨げ，Ａさんのマイナスイメージに
もつながっていました。さらに，Ａさんが答えを言ってしまうために，ク
ラスの学習意欲の低下にもつながってしまいます。注意や叱責が増えると，
子どもたちの気持ちも後ろ向きになってしまいます。まず，クラスの子ど
もたちの思いを受け止めること，そしてＡさんを含めた発言のルールを徹
底させることに重点を置いて，指導を始めました。

②Ａさんを含め，子どもたちに発言ルールの徹底を図るために

→Ａさんだけに限らず，授業中のつぶやきは誰にでも，いつでもありえます。
しかし，その"つぶやき"と"答えを言うこと"の違いは明確ではないた
めにＡさんにも，子どもたちにとってもわかりにくいものです。そのため，
発言のルールを徹底させる前に，話を最後まで黙って聞くことを指導しま
した。そして，子どもたちに発表させたい時は教師が手を挙げ（挙手の姿
勢）サインを送るようにしました。教師が手を挙げると，子どもたちもそ
れを目にしているため，自然と手が挙がり，発言のルールに則って発表す
ることができます。"話を聞く時"と"発表する時"を明確に分けること
で，Ａさんにもわかりやすいようにしました。しかし，Ａさんは教師を見
ていないためにサインもキャッチすることができません。そこで，Ａさん
と教師だけの合言葉を決め，その言葉を言った時には手を挙げて名前を呼
ばれてから発表することも教えました。また，子どもたちにもＡさんにも，
発言のルールを守っている時は手でOKサインをつくって示したり，「指
名をされてから発言できましたね。」と伝えたりして認め，ほめるように
しました。名前を呼ばれてから発言するのは，当たり前のことですが，そ
れを言語化し意識させることで互いに認め合えるようにしたいと考えまし
た。また，Ａさんだけではなく，クラスの子どもたちにも認める声かけを
することでＡさんに"よい行動"を具体的に示すこともねらいました。

③Aさんはクラスの一員という意識に変えていくために

→Aさんが発言のルールを守れるようになってきた頃から，ノートを写す指導にも力を入れることにしました。Aさんは特別，Aさんだけしなくてもいい，というクラスの意識を変えたかったためです。でも，Aさんの努力もクラスに理解してもらいたいと考えました。そこで，Aさんの努力を子どもたちに伝えることから始めました。しかし，苦手なことを自分自身で受け入れ，努力しているのはAさんだけではありません。誰もが自分の苦手さを受け入れ，それに向けて努力しています。そのことについてもふれ，みんなで友達の苦手さを応援し合っていこうと伝えました。これ以降，Aさんは板書されたことをまずノートに書くようになりました。その後もおもむろに何かを書くことは続きましたが，その行動の理由はクラスの子どもたちも知っているため，注意したり咎めたりすることはなくなりました。

POINT!
- できない理由を明確にし，適切な支援・指導を
- みんなと一緒にルールの徹底が図れる場面を
- Aさんのペースを見て，スモールステップを

✨ 授業づくり　🌷 高学年

11 粘り強く取り組むことを嫌う子のいるクラスでの集中・継続できる授業

1 気になるAさんの様子

　5年生のAさんは，運動が大好きな元気いっぱいの男子です。いろいろなことに興味をもち，チャレンジすることができますが，自分の思うように進められないことがわかると途端に意欲が低下してしまいます。解けない問題に直面すると，机に突っ伏してしまいます。子どもたちが教えようと声をかけるのですが，動く気配は見られません。担任が声をかけてもAさんは変わりません。そのまま授業を進めるしかできない状況です。

2 クラスの様子

　Aさんが自分の思うように課題を進められないと取り組まなくなってしまうのは，低学年から見られた姿だったので，周りの子どもたちは慣れているようでした。5年生から担任になった私に，「先生，○○という言葉を使うといいよ。」や「○○分ぐらいたてば元通りになるから平気だよ。」などとアドバイスをくれるほど，Aさんへの理解がありました。しかし，Aさんのそうした姿が多くなってくると，子どもたちの表情が曇るようになりました。言葉には出しませんが，「Aさんだけやらないのはずるい。」という気持ちが表情や行動から感じられました。自分の好きなこと，得意なことには意欲的に取り組むAさんだからこそ，周りの子どもたちからすると「ずるい」という気持ちになってしまうのかもしれません。友達関係が崩れてしまう前に何とか改善したいと思いました。

3 Aさんとクラスの分析と対応

下記の視点について検討，対応しました。

Aさんについて

①Aさんの得意なこと，苦手なことは何か

→Aさんはいろいろなことに興味をもち，後先のことを考えずにまずやってみようとチャレンジしています。しかし，手先が器用でないため，細かな作業や道具を使った学習が苦手であることがわかりました。また，じっくり考えて答えを出すような課題も苦手でした。

②Aさんの学習意欲が上がらない背景は何か

→Aさんの様子を見ていると，一度や二度の失敗では意欲の低下はしていないことがわかりました。しかし，失敗の経験を積み重ね，成功体験が少ないこともわかりました。Aさんの口癖に「何度やってもできないものはできない。」がありますが，これが本心なのだと思いました。

③机に突っ伏してしまう前に担任ができることは何か

→Aさんは自分の苦手なことを理解して，「これは苦手……。」と予防線を張って，自分を落ち着かせていました。そこで，Aさんにとって難しそうな課題，苦手だと感じられる課題を始める前には，支援としての"予防線を張る"ようにしました。「この問題は難しいので，できないかもしれません。」「次の問題は，難しいので10回ぐらい間違えると思います。」こうした言葉を事前に伝えることで，Aさんは「できなくても大丈夫。」「10回間違える前に正解しよう。」という気持ちになり，間違っても，失敗しても粘り強く取り組めるようになり，その成功体験から，自信も出てきました。

クラス全体について

①授業中に机に突っ伏してしまうAさんを子どもたちはどう思っているか

→Aさんが授業中に机に突っ伏してしまうのは，低学年の頃から見られた姿ですから，子どもたちはさほど気にしていません。今までの経験から，ある程度の時間が過ぎればAさんが立ち直ることもわかっているようです。

ただ，学習が難しくなり，子どもたちそれぞれが努力を必要とする課題を
クリアしなければならず，「なんでＡさんだけ。」という気持ちが出てきた
のだと思います。

②Ａさんは注意されないのに自分たちは最後まで取り組まなければならないという
　担任の対応の違いをずるいと思っている子がいないか

→自分たちだけやらなければならないという不公平感がありました。そこで，
できていないＡさんに対して注意をするのではなく，最後まで取り組めた
子どもたちにほめる言葉かけをしました。その際，「正解した」からほめ
たのではなく，「何度も取り組んだ」「あきらめなかった」からだというこ
とが伝わるように気をつけました。Ａさんにも，周りの子どもたちにも
「努力したことを認めている」ということを伝えたかったためです。

③Ａさんもみんなも粘り強く取り組める授業を考える

→Ａさんに対して行っていた“予防線を張る”ことを，クラス全体にもして
みました。「次の問題はちょっと難しい」「これは誰も解くことができない
かもしれない……。」と言いながら問題を出すと，「自分が正解してみせ
る！」とやる気になる子が出てきました。さらに，「そんな難しい問題な
ら，自分たちで協力して解いてみせよう。」と，子どもたち自身が協力す
る姿も見られるようになりました。また，レベルを付けて問題を提示する
こともしました。問題提示に工夫をすることで，子どもたちがあきらめず
に取り組めるようになってきました。お互いに教え合い，努力し合うよう
になったことで，苦手なことを友達同士で聞き合うようにもなってきまし
た。そして，周りの子がＡさんに教えてもらう場面も出てきました。友達
に教えるＡさんの表情から，自信が感じられました。

④Ａさんもみんなもお互いの応援者，協力者にするために

→Ａさんに限らず，誰にでも苦手なことがあります。どの子もその苦手なこ
とから逃げずに挑戦し，粘り強く取り組んでいます。そうした努力を意図
的にほめました。個別に声をかけたり，ノートにコメントとして残したり
しました。クラス全体の前では，具体的な姿をその場で伝え，周りの子か

ら拍手を送るようにしました。「あきらめずに努力したことが素晴らしい」という空気がクラスに流れることを意図したためです。Aさんの苦手なことは子どもたちも理解しており、あきらめずに取り組んでいる時は、声をかけ励ますようになりました。さらに、そうした周りの子どもたちの言動を担任が理解し、ほめることでこういった声かけが増えていきました。また、Aさんに対してだけではなく、お互いの努力に気づき励ましたり、応援したりするようになりました。クラス全員が、力を貸してもらう存在でもあり、互いの応援者、協力者でもあるような関係になりました。

POINT!
・Aさん自身の様子から指導の打開策のヒントを
・担任の意図したほめ言葉で意識の改革を
・クラス全員が、互いの応援者、協力者になれるような関係づくりを

✨ 授業づくり　🌷 高学年

板書を写すことができない子のいるクラスでの板書

1 気になるAさんの様子

　6年生のAさんは，元気な男子です。勉強は得意ではありませんが，何事にもあきらめずに一生懸命取り組むことができます。しかし，黒板を写すことがとにかく苦手です。毎日，毎時間，ノートを開き，黒板を写そうとするのですが，どうしても最後まで書き写すことができません。算数の計算問題においては，数字の写し間違いのためにいつまでも正解が出せないこともあります。Aさん自身は一生懸命なため，何とかしてあげたい思いです。

2 クラスの様子

　Aさんが努力家であることはクラスのみんなが知っています。ですから，Aさんがノートを最後まで写すことができていなくても，責めたりとがめたりすることはありませんでした。しかし，ここ最近は，あまりにもノートを写すことができないために，Aさんが精神的に不安定になってきてしまいました。授業中に大きな声を出してしまったり，隣の子の学習の妨害をしたりすることも出てきました。「ノートは学習の記録」であることを考えると，Aさんだけ書かなくてよい，とすることがよいことなのかどうか判断できません。この先の進学を考えると，ノートを書く量はさらに増えていくことが予想されます。Aさんの精神的なフォローと合わせて，今できることを考えていきたいと思いました。

3 Aさんとクラスの分析と対応

　下記の視点について検討，対応しました。

Aさんについて

①ノートに写せない原因は何か・1

→Aさんがノートを写している時の様子を細かく観察してみました。教師が文節ごとに区切って書くと，同じように単語で区切って記憶しノートに書くことができていました。ところが，その区切りをなくすと，同じ場所を書いては消し，書いては消しを繰り返していました。また，画数の多い漢字についても同じことが見られました。このことから，Aさんは記憶の面で課題を抱えているのではないかということが予想できました。

②ノートに写せない原因は何か・2

→さらに他の視点からAさんの困難さの原因を探りました。「黒板を写す」ということは，目で見たことを記憶して書く作業です。そこで「教師が言ったことをノートに書く」ことをしてみました。聞いたことを記憶して書くことができるかどうかということです。これを行ってみたところ，文字の表記（漢字・平仮名）にこだわらなければ「聞いたことを書く」ことの方が取り組みやすそうだということがわかりました。Aさんに聞くと，黒板の漢字を読むことができないと，正しく写すことが難しいのだそうです。

③Aさんがノートをとれるようにするために

→今後の進学を考えると，全くノートを書かないで済むとは考えにくいです。情報機器を使う方法も考えられますが，まずは書く量を減らし，情報機器ではなく，ノートに記録することから始めました。最初Aさんはこの取り組みに否定的な捉え方をしていましたが，その時間の大事なところをノートに写すことを伝えたところ，「やってみる。」と返事をくれました。

クラス全体について

①Aさんがノートを写さないこと，精神的に不安定になっていることを子どもたちはどう思っているか

→Aさんがノートを写さないことに対して，違和感を抱いていた子はいましたが責める子はいませんでした。"ノートは自分の学びのために書くのだ"という教えをしていたからです。しかし，Aさんが不安定になり，学習の

妨げになるような行動を起こすようになってからはＡさんに対する感情が変わってきました。大きな声を出した時には馬鹿にするような表情，学習の邪魔をされないように距離を取ろうとする子も出てきました。

②Ａさんもみんなも意欲的に板書を写せるように

→Ａさんは，板書されていることを読んで記憶することが苦手なために，思うように写すことができず苦労していました。Ａさんと決められた部分を写すことを約束した後，クラスの子にも伝え，板書を色分けして行いました。基本は白チョークを使って板書をします。書かなくてもよい部分は黄色，大事なことは赤，必ず書く部分は青で囲むなどと決めました。Ａさんは，青で囲まれた部分を書きます。子どもたちは自分で判断して，黄色で書かれた部分，さらには教師の話を書く子も出てきました。この方法は子どもたちにノート記録においての段階という印象を与えたようで，「黄色まで書くことができた。」と学びの記録を評価し合うようになりました。

③Ａさんとみんなが板書を写せるような方法は何か

→Ａさんは漢字が読めないことで板書を写すことに苦労していました。そこで，教師が板書した後できるだけ書いたことを読み上げるようにしました。時には，「これ読めますか？」「この漢字覚えていますか？」などと子どもたちに尋ね，読めない子が多かった場合は読み仮名をふることもしました。これをしたことで，周りの子どもたちも板書を写すことがスムーズになってきました。しかし，静かな環境で学習をしたい子にとっては，この取り組みは集中できなくなることも考えられるため注意が必要です。そのため，周りの子どもたちの様子を見ながら行いました。

④クラス全員がそれぞれの苦手なことと向き合えるようにするために

→Ａさんは板書を写すことが苦手でした。Ａさんは，精神的に不安定になるまで自分１人で苦手なことと向き合い，自分なりに努力していました。Ａさんだけに限らずどの子もこうした努力をしているはずです。でも，精神的に不安定になるまで１人で努力する必要はないと考えました。そこで，子どもたちに「誰にでも苦手なことがある」ことと，「苦手なことから逃

げずに努力することが大切である」ことを伝えました。合わせて，努力し続けるには1人でなく何人かの協力者や理解者がいることが大事であることも伝えました。そして，自分の苦手なことと向き合うと同時に，友達の努力に対しての協力者や理解者になってほしいという教師の願いも伝えました。これをしたことで，苦手なことを友達に手伝ってほしいと伝えられる子も出てきました。時に，友達の協力が甘えにつながってしまうこともありましたが，お互いに支え合える関係を築いていく基礎となりました。

POINT!

- できない原因を探り，適切な支援・指導を
- Aさんだけでなく，他の子どもたちにも意欲が湧くような取り組みを
- 全員が自分の苦手を受け入れ，互いに努力し合える雰囲気づくりを

✨ 授業づくり　　🌷 高学年

自分の考えが伝えられない子のいるクラスで行う意見を引きだす工夫

1　気になるAさんの様子

　6年生のAさんは，物静かな女子です。仲の良い数人の友達とはおしゃべりをして楽しんでいますが，そうでない子たちとはあまり関わりません。Aさんは自分の考えていることや気持ちを伝えることが苦手です。授業中，自分の考えをノートに書いたり，言葉で伝えたりする場面になると固まってしまいます。隣の子が声をかけても，頷くことさえできません。担任が声をかけても状況は変わらず，時間だけが過ぎてしまいます。

2　クラスの様子

　Aさんが自分の気持ちを表現できずに固まってしまうたびに，周りの子どもたちがフォローをしようとするので，授業が中断するようになりました。子どもたちは，何とかしようと声をかけています。その気持ちや行動は喜ばしいのですが，クラス全体の雰囲気は決してそれと同じではありません。授業を進めてほしいという表情をしている子もいます。とはいえ，声をかけている子どもたちに「フォローしなくてよい」と言うことはできません。授業の中断を避けるため時間を制限してみましたが，意見を伝えられないAさんを責めてしまう結果になり，逆効果でした。しかし，Aさんは決められた仕事を真面目に最後まで取り組むことができるよさがあります。また，Aさんは人の嫌がることを決してしません。それを子どもたちは知っているので，Aさんを責めることはしませんでした。

3 Aさんとクラスの分析と対応

　下記の視点について検討，対応しました。

Aさんについて

①自分の考えを伝えられないのはどんな場面か

→日頃の行動から，友達とのおしゃべりの場面でも自分の考えていることを
　伝える回数はとても少ないことがわかりました。また，保護者の方との話
　の中から，それは学校だけでなく家庭でも同様であることもわかりました。

②Aさんに合った表現方法は何か

→Aさんは日頃から自分の考えを伝えることが苦手だとわかったので，考え
　を表現する方法を洗い出しそれぞれについて探りました。

　○音声言語で表現すること……事前に書いてある文章を読んで伝えること
　　はできますが，メモがない状態で伝えることは難しいようです。

　○文字に書いて表現すること……多くの時間を費やすことで文字での表現
　　はできますが，自信がないのか授業中は書いているものを手で隠します。

　○選択肢を挙げて選んで表現すること……担任がいくつかの選択肢を挙げ，
　　自分の考えに当てはまるものを選ばせて表現させることは容易にできま
　　した。しかし，担任が挙げる選択肢の中にAさんの考えと完全に一致す
　　るものがあるかどうかはAさんにしかわかりませんから，いつでも効果
　　的であるとは言えません。

③自分の意見を伝えられないのはなぜか

→保護者の方との話，周りの子たちの反応を見てから意思表示をする姿，数
　人で集まって話をする時に一歩後ろにいるなどの姿から，自分の意見を伝
　えられない理由は，自信のなさだろうと考えました。そこでAさんと2人
　で話す場を設け，その中でAさんのよさを伝えました。そして，苦手なも
　のは誰にでもあること，できる方法を一緒に探していこうとも伝えました。

授業づくり

▼

高学年

第2章　気になるあの子とユニバーサルデザインのクラスづくり・授業づくり　115

クラス全体について

①授業が中断されることを子どもたちはどう思っているか

→授業の中断は子どもたちの学習意欲を妨げ，Ａさんへのマイナスイメージにもつながっていました。周りの子どもたちのＡさんを何とかしたいという気持ちが大きくなるほど，Ａさんへの言葉づかいは辛辣になっていきます。しかし，周りの子どもたちの気持ちをくむことも，クラス全体の子どもたちの思いをくむことも大切です。それぞれの思いをくみながら指導し，理解し合えるようにしていきたいと考えました。

②Ａさんが自分の考えを表現できないことを子どもたちはどう思っているか

→Ａさんが自分の考えを表現できないことは低学年から見られた姿です。子どもたちからすると見慣れてしまっていることも考えられます。しかし，高学年は意見や考えを伝え合うことで，学びや理解を深める授業が多くあります。意見交換のたびにＡさんが固まってしまう姿を見ると，周りの子は待ちきれないという思いが強くなってきたように感じました。

③クラスみんなが自分の考えを表現できる方法を考える

→Ａさんが自分の考えを表現できない理由の１つに自信のなさがありました。そこで，自分の考えを言葉で表現し合う場を設定する前に，自分の考えを整理し，文字で表現できるようにしました。以下のようにしました。

　　まず，自分のノートやワークシートに文字で表現できる時間を設けます。その後，数人の考えを発表させます。これをすることで，Ａさんが考えを表現する際のモデルにし，ヒントとしてほしいと考えたためです。いくつかの意見を発表するので，モデルは複数あり，周りの子どもたちから見ても「Ａさんは○○の真似をした。」と感じることは少なくなります。こうすることで，Ａさんだけに限らず，自分の考えを表現できる子が増えてきました。さらに，よいと思う意見を真似るだけでなく，その意見を裏付ける理由を付け加えた意見や，反対にそれに対する反論の意見も出されるようになりました。Ａさんへの支援がより深い考えを引き出すことにつながりました。

④お互いの苦手さを共有し，理解し合えるクラスを

→高学年は得手不得手がはっきりしてくる分，自分に自信をもてない子が増えてきます。一方，自分と他人とを比較する目は育ってくるため，苦手さ，できない子への理解や，共感を得ることが難しくなる年頃でもあります。担任の「○○さんは……が苦手だから協力してほしい。」という言葉だけでは逆効果になることも多いです。お互いの苦手さを理解し合えるようにするには，まずそれぞれのよさを伝えることが大切です。Ａさんだけでなく，それぞれが自分に自信をもてていないからです。そこで，よさを伝える場を意図的に設け，それを継続し子どもたちが自信をもてるように心がけました。自信がもてるようになると周りの友達への苦手さを理解しようとする気持ちが出てきました。すると，Ａさんが考えを表現できなくても，「終わったら声かけて。少し先に進めているね。」とＡさんの気持ちをくんだ声かけをするようになり，安心して学習に取り組めるようになりました。

POINT!

・できない理由を多面的に探り，適切な支援・指導を
・みんなと一緒にできる場を設け，Ａさんもみんなも自信を
・それぞれのよさを伝え，お互いの苦手さを共有し合える関係づくりを

✨ 授業づくり　🌷 高学年

14 自分のやり方でしか取り組めない子のいるクラスで行う指示

1　気になるAさんの様子

６年生のAさんは，興味関心のあることにはとことん熱中する男子です。知識は豊富ですがノートの書き方，課題の取り組み方，仕上げ方などを自分のやり方で進めてしまいます。担任が全員同じようにさせたいと細かく指示を出しても，こちらの話を聞いておらず，自分のやり方でしか取り組みません。グループ活動においても同じであるため子どもたちから注意を受けますが，Aさんは自分のやり方を止めようとはしません。

2　クラスの様子

Aさんが自分のやり方で課題を進めていることに，担任は正しいやり方でできるように促していますが，Aさんはそれを受け止めることはせず，自分のやり方を貫いています。担任としてAさんだけにそれを許すわけにいかず，厳しい口調の指導になってしまいます。Aさんへの個別指導が増えてくると，周りの子どもたちも学習に集中できなくなってきました。「またAさん……。」という表情を見せる子どももいます。ノートの書き方，課題の仕上げ方などの個人的な課題だけならまだよいのですが，グループでの課題になると，周りの子どもたちも穏やかではいられません。「Aさんが勝手にやった。」とAさんを責め，言い争いになることも出てきました。しかしAさんは我関せず。自分のやり方で進めています。そんなAさんに対して，周りの子どもたちは距離を取り，冷たい態度で関わるようになってしまいました。

3　Aさんとクラスの分析と対応

　下記の視点について検討，対応しました。

Aさんについて

①自分のやり方で進めてしまう背景は何か

→Aさんの日頃の行動から，「言わなくてもわかるだろう」ということが伝わらず，物事の捉え方に課題があるのだと感じられました。また，Aさんは「学習をしたくない」わけでもありません。やる気はあるのですが，そうした課題が担任の指示通りに進めることができない原因だろうということがわかりました。

②どうして自分のやり方で進めてしまうのか

→Aさんの物事の捉え方の課題についてもう少し深く探りました。一般的には，板書が改行されていたら，ノートにも同じように行を変えて書きます。縦書きで書かれていたらノートにも同じように書きます。そうした「言わなくてもわかること」はAさんにしてみると「言われていないのだから自分のやり方で取り組もう」となります。こうしたことが積み重なっているのだとわかりました。

③Aさんがみんなと同じように取り組めるために

→Aさんは「言われなくてもわかるだろう」ということが伝わらないので，できるだけ具体的に指示しました。しかし，すべてを言葉にして指示することは考える場を奪ってしまうことにもつながります。そこで，Aさんと個別に話す場を設け，こうしたルールを伝えるようにしました。伝える際は，一度にいくつも伝えないこと，Aさんが納得できるように理由も合わせて伝えることを心がけました。こうしてAさんと個別に話す中で，Aさん自身が意識しても周りの子どもたちと同じように取り組むことがどうしても難しいものもあり，その部分はAさんのやり方を認めることにしました。

第2章　気になるあの子とユニバーサルデザインのクラスづくり・授業づくり　119

クラス全体について

①授業が中断され，Ａさんへの個別指導が増えることを子どもたちはどう思っているか

→授業の中断は子どもたちの学習意欲を低下させ，Ａさんへのマイナスイメージにもつながっていました。また，Ａさんへの個別指導が増えると，担任の厳しい口調の指導につながることが予想できるせいか，うんざりした表情を見せる子もいました。

②Ａさんが自分なりのやり方で取り組んでいることをどう思っているか

→Ａさんだけが自分のやり方で取り組んでいることについて，子どもたちは不公平感を抱いていました。個々で取り組む課題，仕上げる学習であれば，口を出すこともありませんが，グループでの課題となるとそうもいきません。注意をしても受け入れないＡさんに腹を立てるだけでなく，「なんでＡさんだけが……。」という雰囲気になってしまいました。しかし，そんな子どもたちの思いを受け止めることも大切です。個別に話を聞いたり，クラスの子どもたちに感謝の気持ちを伝えたりするなど，周りの子どもたちの不公平感が少しでも小さくなるように心がけました。

③Ａさんの苦手なことについて子どもたちに伝える

→Ａさんと話をしていく中で，今まで「言わなくてもわかること」で苦労していたことがわかりました。「言われていないから自分の方法で取り組んでいるのに，先生や友達に注意される」経験を積み重ねていたのです。Ａさんに苦手なことについて子どもたちに話してよいか聞いてみたところ「話してほしい。」という返事をもらいました。Ａさんの特性についてではなく，「人には感じ方，考え方に違いがある」「当たり前は人によって違う」ことなどを話しました。またこの場で「指示があった時は，指示されたやり方で学習を進める」「様々な考え方，取り組み方を学ぶことができることは考えが広がるチャンスである」ことも伝えました。この話を通して，Ａさんには"担任の指示を聞いてほしい"，子どもたちには"様々な考え方を認められるように"という担任の思いを伝える場にしました。

④「Aさんは特別」から「クラスの仲間」に変えていくために

→Aさんは知識が豊富です。みんなと同じやり方で進められず，その点で目立ってしまうことがありましたが，クラスの子たちはAさんがみんなとは違う考え方をすることができるということも見えてきました。算数の問題解決，理科の実験の予想など，Aさんの得意分野において積極的に周りの子どもたちに広めるようにしました。これは，「答えの求め方は1つではない」「様々な考え方があってよい」という考えを広め，「Aさんは特別」という見方を変えることにつながりました。算数では，問題に対して様々な求め方を出した後，一般的な求め方にまとめていくことが主流です。そこにAさんの考え方が残ることはほとんどありませんでしたが，Aさんの考え方を聞くと思わず感嘆の声をあげる子もいるほどでした。また，それに負けまいと他の子どもたちも様々な考え方，求め方を探すようになり，クラスの学習が深まっていきました。

POINT!

- できない理由を明確にし，適切な支援・指導を
- Aさんの気持ちに寄り添い，必要なことは毅然とした指導を
- Aさんの苦手さを"得意"に変える見方，働きかけを

✨ 授業づくり　🌷 高学年

15 グループ学習に参加できない子のいるクラスでのペア・グループ学習

1　気になるAさんの様子

　5年生のAさんは、物静かな男子です。仲の良い特定の子とはおしゃべりをしますが、普段は1人でいることが多いです。そんなAさんは、グループ学習になると人が変わったように自分の意見を主張し続けます。制止しようとした友達に暴言を吐いたり、暴力をふろうとしたりします。友達の話を聞かずに一方的に話すために学習が滞ってしまいます。注意をしてもなかなか止まらず、周りの子の声が届かず、自分の思いばかりを口にしています。

2　クラスの様子

　Aさんがグループ学習のたびに、暴言を吐いたり、友達に暴力をふろうとしたりするため、子どもたちは「またか……。」とため息をついています。普段はおとなしいAさんですから、子どもたちはどう話しかけたり、制したりすればよいのか、困っているようです。こうした状況が続いたことで、席替えでAさんと近くになることを嫌がる子も出てきました。また、グループ学習になると暴言が聞こえてくるために、グループ学習そのものに嫌悪感を抱く子も出てきました。Aさんが興奮した状態になってしまうと、子どもたちは冷たい視線をAさんに送るようになってしまいました。担任が注意をしてもAさんの暴言等は止まりません。この状況がさらに続くと、担任への不信感にもつながりかねないと考えました。

3　Aさんとクラスの分析と対応

　下記の視点について検討、対応しました。

Aさんについて

①グループ学習で友達の話を聞くことができないのはなぜか

→休み時間，放課後などのAさんは友達とおしゃべりをすることができますがグループ学習になるとそれができません。その理由を探りました。Aさんは2人以上の友達とおしゃべりをしていることはありませんでした。

Aさんに聞いてみると，2人の会話は，話し手と聞き手が明確であるため，安心して話すことができるそうです。3人以上だとそれが複雑になるために，自分の考えを聞いてほしい，という思いが強くなるのだそうです。

②友達の話を聞くことができないのはなぜか

→Aさんが友達の話を聞くことができない理由は他にもあると考え，さらにAさんと話をしました。すると，過去の経験が影響しているのだとわかりました。友達に話を聞いてもらえない経験を積み重ねていたのです。聞いてほしい，受け入れてほしいという思いと同時に，聞いてもらえなかったのだから自分だって聞かなくていい，という思いになっていたのでした。

③友達の話を聞くことができるようにするために

→Aさんの「友達に話を聞いてもらいたい」という気持ちを受け止めつつ，友達に話を聞いてもらえるために何をしたらよいのか一緒に考えました。今まで聞いてもらえなかったことの辛さを受け止め，Aさんに落ち着いて優しい口調で話すように伝えました。まず聞いてもらえたという安心感をもたせようと考えたためです。自分の気持ちを受け止めてもらえることで，Aさんが友達の意見を聞くことができるようになると考えたのです。Aさんが優しく話すと子どもたちは少しずつAさんの話を聞くようになってきました。

クラス全体について

①授業中に暴言や暴力が起きてしまうことを子どもたちはどう思っているか

→授業中の暴言や暴力は子どもたちの学習意欲を妨げ，Aさんへのマイナスイメージにつながりました。さらに，Aさんの話を聞きたくないとい

第2章　気になるあの子とユニバーサルデザインのクラスづくり・授業づくり　123

う気持ちを大きくしていました。しかし，そんな子どもたちの思いを受け止めることも大切です。とは言え，グループ学習は授業には欠かせません。そこで，グループ学習を行う際はAさんのいるグループに担任が入り，Aさんが落ち着いて参加できるようにすることから始めました。

②担任がグループ学習に入った際の役目1：司会はどのようにするか

→グループ学習は，子どもたちだけで話を進めることに意味があります。しかし，Aさんがいるグループには担任が入らなくてはなりません。周りの子どもたちからすると，担任の存在を煩わしく感じる子もいるはずです。そのため，担任は子どもたちの意見に口をはさまず，司会・仲介の務めに徹しました。司会として，話し手，聞き手が明確になるように誰が話すのかを言葉で伝えました。まず，Aさんが話し手として自分の意見を伝え，Aさんの気持ちの安定を図ります。意見を言った後，Aさんは聞き手となります。Aさんが友達の意見に口をはさんだ時は，担任が指導しました。

③担任がグループ学習に入った際の役目2：仲介はどのようにするか

→グループ学習では，お互いが出した意見に対して質問し，それに答えることで考えが深まります。また，グループとして1つの意見にまとめなければならない場面も出てきます。Aさんは友達の質問は全て「あなたの意見は間違っている」と捉えてしまいます。また，意見をまとめる時も，自分の意見にならないと自分の話を聞いてもらえなかったという気持ちだけが残ってしまいます。仲介役として，質問は「○○はいいと思うのだけど……。」と肯定的な評価をしてから，言葉を補いながら行いました。また，意見をまとめる際は，それぞれのよさを出し合ってから決めるようにしました。こうすることで，Aさんにも周りの子どもたちにも否定的な感情が残らないようにしました。

④周りの子どもたちの理解を高めるために

→担任がグループに入ることで，Aさんは少しずつ友達の話を聞くことができるようになってきましたが，自分が話し終えてからでないと友達の話

を聞くことができない状況は依然として変わりません。Aさんがここまで話を聞くことができるようになったのは、クラスの子どもたちの理解があったからです。Aさんの成長をほめるだけでなく、周りの子どもたちへの感謝の気持ちも欠かさず伝えるようにしました。クラス全員に向けて、同じグループの子に対して、個別になど、状況に合わせて様々な伝え方をすることも心がけました。周りの子どもたちの努力や思いやりを担任は見ているよ、ということを伝えたかったためです。また、担任が司会をする中でAさん自身に感謝の言葉を伝える場もつくるようにしました。担任からだけでなく、本人からの感謝の言葉は子どもたちの心に届いたようです。少しずつ、担任がいなくてもグループ学習ができるようになってきました。

POINT!

- 「人の話を聞きなさい」の前に聞いてもらえる安心感を
- グループ学習に担任が入り、安心して学べる場を
- 担任からの言葉だけでなく、本人からの感謝の言葉を

参 考 文 献

①田上不二夫監修／河村茂雄 著『Q-U Questionnaire − Utilities 楽しい学校生活を送る ためのアンケート』図書文化
②「自尊感情測定尺度（東京都版）」平成24年度，東京都教職員研修センター
③坂野公信監修／日本学校グループワーク・トレーニング研究会 著『協力すれば何かが変わる 続・学校グループワーク・トレーニング』遊戯社
④横山浩之 著『マンガでわかる よのなかのルール』小学館
⑤松谷みよ子（文）味戸ケイコ（絵）『わたしのいもうと』偕成社
⑥丘修三（作）かみやしん（絵）「歯型」（『ぼくのお姉さん』より）偕成社
※１ アセスメントシート（佐賀県教育センター「がばいシート」）
　　　http://www.saga-ed.jp/kenkyu/kenkyu_chousa/h25/04_soudan/gabai-seat. htm
※２ 上野一彦，篁倫子，海津亜希子 著『LDI-R LD判断のための調査票』日本文化科学社

参 考 教 材

自分でつくる！学習支援アプリケーション

　　タブレットやスマートフォンの学習用アプリケーションは，動きや音を組み合わせて，子どもたちが楽しく体験できるように考えられています。このようなアプリは私たちでも無料で作成・公開することができます。編集者たちは，漢字学習の導入期に苦手意識を持ってしまい勉強にストレスを感じているような子どもたちが，楽しく漢字に触れるためのツールをつくりたいと考え「かんじダス」を開発しました。このアプリでは"かんじ・絵合わせ"によって象形文字の概念を知り，"かんじパズル"によって漢字が部位ごとに意味をもつことを理解する手助けをします。開発にあたっては，教育・特別支援・心理・神経生理学・眼科などの専門家たちが集まり，わかりやすい内容で成功体験が得られる工夫を盛り込んでいます。開発の経緯も「かんじダス」のホームページ（www.dyslexia.16mb.com）で公開していますのでご覧ください。また，教育現場の先生方がアイディアを自分で実現する（アプリをつくる）ための指針もまとめていますので，ぜひチャレンジしてみてください。　　　　　　　　　　（野川　中）
※ P77を参照ください。

【執筆者紹介】（所属は刊行当時）

穐山　和也	広島県広島市立落合東小学校
阿子島茂美	十文字学園女子大学非常勤講師
漆澤　恭子	三島市教育委員会巡回相談員
大野　映子	元私立明星学園小学校
川松　泰美	元私立明星学園小学校
佐藤　　恵	元静岡県三島市立北上小学校
清水　枝穂	東京都八王子市立高倉小学校
村田　麻美	東京都世田谷区立桜丘小学校
遊佐　規子	千葉県柏市立柏第三小学校
野川　　中	株式会社インテリム

【編著者紹介】
漆澤　恭子（うるしざわ　きょうこ）
三島市教育委員会巡回相談員。
明治学院大学，東洋大学，昭和女子大学等で非常勤講師。
東京都公立小学校教員を経て2018年3月まで植草学園短期大学教授。
特別支援教育士スーパーバイザー。
静岡県三島市在住。

特別支援教育サポートBOOKS
気になるあの子もみんなも輝く！
クラスと授業のユニバーサルデザイン

2018年10月初版第1刷刊	Ⓒ編著者	漆　澤　恭　子
	発行者	藤　原　光　政
	発行所	明治図書出版株式会社

http://www.meijitosho.co.jp
（企画）佐藤智恵　（校正）川崎満里菜
〒114-0023　東京都北区滝野川7-46-1
振替00160-5-151318　電話03(5907)6703
ご注文窓口　電話03(5907)6668

＊検印省略　　　　　組版所　株式会社アイデスク

本書の無断コピーは，著作権・出版権にふれます。ご注意ください。

Printed in Japan　　ISBN978-4-18-231625-8
もれなくクーポンがもらえる！読者アンケートはこちらから →